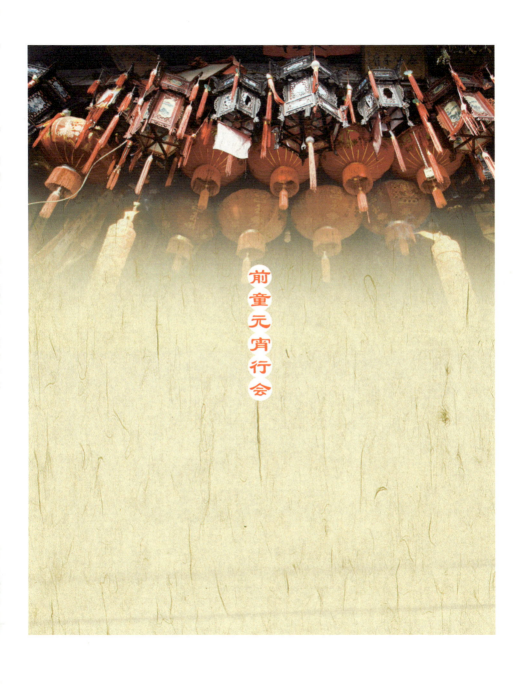

前童元宵行会

前童元宵行会

总主编 褚子育

浙江摄影出版社

章亚萍 周 益 编著

浙江省非物质文化遗产代表作丛书

总　序

中共浙江省委书记
浙江省人大常委会主任　车俊

非物质文化遗产是一个民族的精神印记，是一个地方的文化瑰宝。浙江作为中华文明的重要发祥地，在悠久的历史长河中孕育了璀璨夺目、蔚为壮观的非物质文化遗产。隆重恢弘的轩辕祭典、大禹祭典、南孔祭典等，见证了浙江民俗的源远流长；引人入胜的白蛇传传说、梁祝传说、西施传说、济公传说等，展示了浙江民间文学的价值底蕴；婉转动听的越剧、绍剧、瓯剧、高腔、乱弹等，彰显了浙江传统戏剧的独特魅力；闻名遐迩的龙泉青瓷、绍兴黄酒、金华火腿、湖笔等，折射了浙江传统技艺的高超精湛……这些非物质文化遗产，鲜活而生动地记录了浙江人民的文化创造和精神追求。

习近平总书记在浙江工作期间，高度重视文化建设。他在"八八战略"重大决策部署中，明确提出要"进一步发挥浙江的人文优势，积极推进科教兴省、人才强省，加快建设文化大省"，亲自部署推动一系列传统文化保护利用的重点工作和重大工程，并先后6次对非物质文化遗产保护作出重要批示，为浙江文化的传承和复兴注入了时代活力、奠定了坚实基础。历届浙江省委坚定不移沿着习近平总书记指引的路子走下去，坚持一张蓝图绘到底，一年接着一年干，推动全省文化建设实现了从量的积累向质的飞跃，在打造全国非物质文化遗产保护高地上迈出了坚实的步伐。已经公布的四批国家级非物质文化遗产名录中，浙江以总数217项蝉联"四连冠"，这是文化浙江建设结出的又一硕果。

历史在赓续中前进，文化在传承中发展。党的十八大以来，习近平总书记站在建设社会主义文化强国的战略高度，对弘扬中华优秀传统文化作出一系列深刻阐述和重大部署，特别是在十九大报告中明确要求，加强文物保护利用和文化遗产保护传承。这些都为新时代非物质文化遗产保护工作指明了前进方向。我们要以更加强烈的文化自觉，进一步深入挖掘浙江非物质文化遗产所蕴含的思想观念、人文精神、道德规范，结合时代要求加以创造性转化、实现创新性发展，努力使优秀传统文化活起来、传下去，不断满足浙江人民的精神文化需求、丰富浙江人民的精神家园。我们要以更加坚定的文化自信，进一步加强对外文化交流互鉴，积极推动浙江的非物质文化遗产走出国门、走向世界，讲好浙江非遗故事，发出中华文明强音，让世界借由非物质文化遗产这个窗口更全面地认识浙江、更真实地读懂中国。

现在摆在大家面前的这套丛书，深入挖掘浙江非物质文化遗产代表作的丰富内涵和传承脉络，是浙江文化研究工程的优秀成果，是浙江重要的"地域文化档案"。从2007年开始启动编撰，到本次第四批30个项目成书，这项历时12年的浩大文化研究工程终于画上了一个圆满句号。我相信，这套丛书将有助于广大读者了解浙江的灿烂文化，也可以为推进文化浙江建设和非物质文化遗产保护提供有益的启发。

前 言

浙江省文化和旅游厅党组书记、厅长 褚子育

　　"东南形胜，三吴都会，钱塘自古繁华。"秀美的河山、悠久的历史、丰厚的人文资源，共同孕育了浙江多彩而又别具特色的文化，在浙江大地上散落了无数的文化瑰宝和遗珠。非物质文化遗产保护工程，在搜集、整理、传播和滋养优秀传统文化中发挥了巨大的作用，浙江也无愧于走在前列的要求。截至目前，浙江共有8个项目列入联合国教科文组织人类非遗代表作名录、2个项目列入急需保护的非遗名录；2006年以来，国务院先后公布了四批国家级非物质文化遗产名录，浙江217个项目上榜，蝉联"四连冠"；此外，浙江还拥有886个省级非遗项目、5905个市级非遗项目、14644个县级非遗项目。这些非物质文化遗产，是浙江历史的生动见证，是浙江文化的重要体现，也是中华优秀传统文化的结晶，华夏文明的瑰宝。

　　如果将每一个"国家级非遗项目"比作一座宝藏，那么您面前的这本"普及读本"，就是探寻和解码宝藏的一把钥匙。这217册读本，分别从自然环境、历史人文、传承谱系、代表人物、典型作品、保护发展等入手，图文并茂，深入浅出，多角度、多层面地揭示浙江优秀传统文化的丰富内涵，展现浙江人民的精神追求，彰显出浙江深厚的文化软实力，堪

称我省非遗保护事业不断向纵深推进的重要标识。

这套丛书，历时12年，凝聚了全省各地文化干部、非遗工作者和乡土专家的心血和汗水：他们奔走于乡间田野，专注于青灯黄卷，记录、整理了大量流失在民间的一手资料。丛书的出版，也得到了各级党政领导，各地文化部门、出版部门等的大力支持！作为该书的总主编，我心怀敬意和感激，在此谨向为这套丛书的编纂出版付出辛勤劳动，给予热情支持的所有同志，表达由衷的谢意！

习近平总书记指出："每一种文明都延续着一个国家和民族的精神血脉，既需要薪火相传、代代守护，更需要与时俱进、勇于创新。"省委书记车俊为丛书撰写了总序，明确要求我们讲好浙江非遗故事，发出中华文明强音，让世界借由非物质文化遗产这个窗口更全面地认识浙江、更真实地读懂中国。

新形势、新任务、新要求，全省文化和旅游工作者能够肩负起这一光荣的使命和担当，进一步推动非遗创造性转化和创新性发展，讲好浙江故事，让历史文化、民俗文化"活起来"；充分利用我省地理风貌多样、文化丰富多彩的优势，保护传承好千百年来文明演化积淀下来的优秀传统文化，进一步激活数量巨大、类型多样、斑斓多姿的文化资源存量，唤醒非物质文化遗产所蕴含的无穷魅力，努力展现"浙江文化"风采，塑造"文化浙江"形象，让浙江的文脉延续兴旺，为奋力推进浙江"两个高水平"建设提供精神动力、智力支持，为践行"'八八战略'再深化，改革开放再出发"注入新的文化活力。

目录

宁海古属台州，今属宁波，位于浙江东部，紧倚天台山脉、四明山脉，处于象山港和三门湾之间，与三门、天台、新昌等县和奉化区、象山县接壤，兼有山海之灵气和台宁文化之精华。

宁海历史悠久，人文底蕴深厚。自西晋太康元年（280）置县始，一千七百多年来，勤劳聪慧的宁海人民在长期的劳动中，创造并形成了种类繁多、风格独特、富有鲜明地方特色的非物质文化遗产，烙印着宁海先民的生产生活轨迹，承载着宁海文化信息的精华，见证着宁海的发展历史，具有重要的历史价值、艺术价值和社会价值。目前拥有宁海平调、宁海十里红妆婚俗、宁波泥金彩漆、前童元宵行会四个国家级非遗项目。

正月闹元宵习俗，全国各地都有。浙江宁海闹元宵是以抬鼓亭、舞狮子、打龙灯、踏彩船、咣铜锣、放铳花、祭祀祖先为主要形式的活动，尤以古镇前童的元宵行会最为有名。五百年前，前童先人以非凡的胆识、毅力和号召力，修筑了非同一般的砩渠和溪坝工程，且泽被后世，为凝聚前童、发展前童起到了举足轻重的作用。自此，前童在每年的元宵节，就有了一种庆贺丰收、纪念祖先的传统民俗活动。

传统上，宁海是在正月十四过元宵节。古镇前童举行以鼓亭、抬阁、秋千为主的行会游艺活动，村民、四方游人慕名前来观赏闹元宵，参加的人数以万计。万民同欢，舞蹁跹，乐尧天。气氛相当热闹，给人们留下了深刻的印象。

1995年，前童举办"建村760周年"活动，恢复了传统的元宵行会。近年来，前童元宵行会盛况越发空前，代言了宁海闹元宵活动，名噪全国。在强大的村族意识引领下，全体塔山童氏后人以强韧的文化良知和文化自信心保护和传承元宵行会这一浙东地区独特的民俗活动。他们成立了非遗保护协会，并推选四十多名童氏后人从事元宵行会的挖掘整理、保护和发展工作，为传承优秀传统文化增添了浓墨重彩的一笔。

前童山灵水秀，处在一个理想的宜居自然空间里。当地民风淳朴，社会安定，人们和谐相处，积极生活。它是耕读文化、民俗文化、宗教文化、名儒文化、古建筑文化等的集大成之地，具有深厚的历史文化积淀。有着"中国鼓亭之乡""浙江省旅游城镇""浙江省历史文化保护区""国家级历史文化名镇"的名号，前童人正努力让元宵行会这一古老的民俗游艺活动老树开新花。

宁海县的非物质文化遗产是宁海县劳动人民长期创造积累的财富，是宁海人民的灵魂。近年来，宁海县委、县政府高度重视非物质文化遗产保护和传承工作，先后出版了非遗普查丛书《甬上风物》及非遗重点项目丛书《甬上风华》《宁海平调》《宁海十里红妆婚俗》《宁波泥金彩漆》等。现为配合浙江省文化厅要求出版"浙江省非物质文化遗产代表作丛书"的工作，编撰出版第四批国遗丛书之《前童元宵行会》，希冀带动更多非遗保护工作的研究和探讨，进一步推动我县非遗保护工作的传承和发展。

保护好非物质文化遗产是我们肩负的历史责任，传承文化血脉、守护精神家园，关系到社会主义先进文化建设、精神文明建设与和谐社会建设。因为政府的主导作用，因为民间非遗保护力量的努力，因为传承人的无私奉献，在未来的日子里，宁海县的非遗保护工作定会硕果累累，那些散落在民间的"珠玑"将会发出更加璀璨的光芒！

宁海县人民政府县长 林坚

一、概述

前童元宵行会是宁海前童塔山童氏族人每年元宵节期间举行的迎神祭祖、欢庆佳节的传统民俗活动。鼓亭、抬阁、秋千巡游是活动的突出表现形式。活动的宗旨是纪念祖先童濠带领族人开渠凿碶、灌溉农田的功德，并祈愿年景丰收。

一、概述

前童元宵行会是宁海前童塔山童氏族人每年元宵节期间举行的迎神祭祖、欢庆佳节的传统民俗活动。鼓亭、抬阁、秋千巡游是活动的突出表现形式。活动的宗旨是纪念祖先童濠带领族人开渠凿砩、灌溉农田的功德，并祈愿年景丰收。主要民俗活动有：

一、堂会：正月初十中午，各房房长在童氏总宗祠召开堂会，商量行会活动。吩咐值砩田户（当年维护水利设施的农户）张贴催丁票（行会活动通知），敲锣告知族人合理安排生产生活，早做准备。

二、祭祖：十四日凌晨，值砩田户在童氏总宗祠和塔山庙、秧田头摆放三牲五谷、果品糕点等祭祀祖先。行会队伍经过的各家也在巷弄拐角和门前祭祖。

三、巡游：十四日下午，凡童氏后人在秧田头集中，头牌、龙旗、彩船、鼓亭、抬阁、秋千、龙舞、狮舞在鼓乐和爆竹声中按序行进，经过前童各村，到塔山庙请出祖先神"濠公"神像到田垄、街巷巡游。

四、拜岁：十四日傍晚，行会队伍送濠公到南宫庙娘舅处拜岁（拜年）。濠公歇息于此，行会队伍返回秧田头。十五日中午迎濠公回塔山庙。

五、灯会：十四日晚上，各家各户及鼓亭、抬阁、秋千都点亮灯笼，施放铳花，巡游至深夜。十五日晚上继续巡游，达到高潮。

此外，还有舞狮闹房、送铳花筒等习俗。行会期间，童氏族人制作汤包、麦饺筒、麦饼等传统美食款待来客。

前童元宵行会由童氏后人负责操作，群体传承。童氏十八房设立民俗总支办，每房推选一位房长，主持操办元宵行会活动。童氏后人一律参加行会活动，体现了这个家族村落的强大凝聚力。村民以行会为载体，充分表达他们对祖先的感恩和敬畏，并对周围村落产生巨大影响。

前童元宵行会是浙东地区有影响力的大型节庆民俗盛会，有重要的历史学、民俗学、艺术学价值。同时，对于增强社区凝聚力亦有重要的现实意义。

2014年，前童元宵行会列入第四批国家级非物质文化遗产名录。

[壹]前童元宵行会的起源

元宵节是汉族和许多兄弟民族共同的传统节日。前童元宵行会是宁海前童古镇童氏族人欢度元宵的独特民俗活动。它走过了漫长的历程，有着深厚的历史沉淀，是前童这个文化聚落的重要标识。

1. 宁海、前童的地理环境

宁海，顾名思义，是一片宁静的海湾，一方欢乐、安宁、祥和的土地。相传东海之内皆波涛汹涌，唯有此处港湾风平浪静，故名宁海。它位于浙江省东部沿海、长江三角洲南翼，北连奉化区，东北濒象山港，东接象山县，东南临三门湾，南与三门县接壤，西以天台、新昌为界。中心地理坐标为：东经121° 09′ —121° 49′，北纬29° 06′ —29° 32′。地势西高东低，缓缓地向大海方向倾斜。西北部多崇山峻岭，林木葱郁；中部多盆地溪流，常年清流不绝；东南部多平原和浅海滩涂，是宁海的鱼米之乡。宁海属亚热带季风性湿润气候区，气候温暖湿润，四季分明，日照充足，雨水丰沛。

有山有海有平原，为宁海造就了得天独厚的生态美。县北的南溪温泉早已闻名遐迩；县西域属前童镇的梁皇山，明代徐霞客曾在《徐霞客游记》中为它留下了深情的一笔；县东的伍山石窟有南宋以来开凿的一百余个人工石窟，堪称宁海古代劳动人民改造大自然的一个奇迹。此外还有浙东大峡谷——白溪峡谷、强蛟岛群及雁苍山等诸多山水名胜。山幽、水碧、海蓝、气爽，宁海是个秀美的地方，也是一个可以展开艺术想象的天堂。

前童位于宁海县西南部，是一个秀丽的山水小镇，也是前童镇政府机关所在地。由原竹林、前童二乡合并而成，面积68.77平方千米，人口2.6万。东临一市镇、跃龙街道，南连桑洲镇和三门县，西畔岔路镇, 北靠黄坛镇、跃龙街道, 距县城14千米, 是宁海后花园, 省道甬临线和同三高速公路由北向南横卧全镇。宁海第一大溪流——白溪自西向东穿境而过。

前童是一个历史悠久、文化积淀深厚、人文景观丰富的江南古镇。整个村落由联合、鹿山、塔山、鹿分、双桥五个自然村组成。前童镇西北与东南边境群山环列, 前童境内东有塔山, 南有状元峰、石镜山, 北有梁皇山, 西有鹿山。梁皇山主峰海拔768.2米。梁皇溪源出梁皇山东南麓, 经前童村, 迂回至竹林村后, 汇于白溪。梁皇山南麓有建于唐武德年间(618—626)之梁皇寺(崇福寺)。明代地理学家、旅行家徐霞客曾游览过梁皇山。前童南岙山麓有明初儒士塔山先祖童伯礼营建之石镜精舍, 名儒方孝孺曾在此讲学。塔山、鹿山峙立东西两侧, 景色秀丽。孝女湖、庙湖、致思亭、学士桥、南宫庙等古迹今尚存。

村于山溪之间, 按"回"字九宫八卦式布局, 保存有一千三百多间始建于宋末, 盛于明清的各式古建民居。这批古建筑群以古祠、旧宅和老街为主体构成, 有"群峰簪笏""职思其居""欣所寄"等四十余个道地。有白溪水缘渠入村, 挨户环流, 家家连流水小桥, 户户通卵石曲径。青藤白墙黑瓦, 石头镂花窗户, 雕梁画栋门楼, 一切显现了曾经的殷实和繁华。在这里, 人口学、教育学、建筑学、工艺美术学、环境保护学乃至全部的人文科学, 都可以从中找到历史的

信息和联系，引起了媒体和专家的广泛关注。除此之外，南朝梁宣帝隐居处、《徐霞客游记》第一站、太平天国古战场等都横卧在村前屋后。抗战时期，浙东行政总署曾设在前童；解放战争时期，宁海县工委在此诞生，前童是宁波市革命老区。前童还是浙江省旅游城镇、浙江省历史文化保护区，2006年又获得"国家级历史文化名镇"的称号。

2. 宁海的民俗风情

据文物考古和文献记载，新石器时代，便有人类在宁海生息，西晋太康元年（280）置县，迄今已有一千七百多年的历史。宁海人民辛勤劳作，生生不息，不仅建设了富饶美丽的家园，也创造出了富有地方特色的乡土文化。

宁海民俗形式、种类丰富，农耕文化发达，特别讲究饮食。古代宁海受到地形、交通等因素的限制，农耕是主要生产方式，这也决定了宁海先民的一切生产和生活方式都围绕着农耕来运转，农耕民俗相当发达。宁海兼有山海资源之优势，加上深厚的农耕理念，民俗种类繁多，不仅有传统的丧俗和十里红妆婚俗，更遍及衣食住行、传统节日、人生礼仪，以及祭祀、庙会、游艺等方面。一年之中，从正月到十二月，每月都要过月节，大家忙碌而兴奋。正月穿新衣、拜岁、走亲戚；十四夜吃汤包、闹元宵；二月二，百花娘子生日，吃百花糕；三月三，吃天下饭；清明祭祖、吃艾草；立夏吃青梅明目，吃鲜笋、螺

捣糯米麻糍

蛳健脚骨；四月初八捣乌饭麻糍，给耕牛过生日；端午节用菖蒲艾草插门，小儿佩香囊，吃笋壳包粽；六月六尝新、吃麦糕；七月七，姑娘们用槿树叶煎汤洗头；八月十六蒸洋糕、吃月饼；九月重阳节登高、吃重阳糕；冬至做汤圆祭祖；除夕夜全家大团圆、守岁。这些充分表明了宁海人"以食为天"的生活观念。

宁海民俗风格独特。由于宁海处于台州、宁波的交界点，又是两地的边缘地带，这就决定了宁海古时民俗兼有两地的特色。按宁海地域来分，南路、西路民俗深受台州文化的影响，北路深受宁波文化的影响，东路则两地影响兼而有之。宁海独特的正月十四元宵夜、四月初八乌饭麻糍、八月十六中秋节体现了这一独特的地域特征。

青团

米团

甜粢

糯米粽

汤包

米筒

即使是同一节气日的饮食，宁海乡间各地又表现出不同的特征，如正月十四元宵夜，西路吃麦饺筒，东路吃米团，北路吃汤包，南路吃麦糊糊。从菜肴的丰盛度

成粿

来看，有"八大碗""十大碗""十二大碗""十六会千"之分，充分展示了宁海饮食文化习俗的多样性。

宁海的民俗渗融了浓厚的宗教气息。《晋书·地理志》载："宁海人气淳性轻，好佛信鬼"，"越巫"流行。历代有许多高僧到过宁海，城乡遍布寺院庙宇及庵堂。每逢宗教节日，如二月十九的"观音香会"，七月半的"盂兰盆会"，各大寺庙、庵堂均要举行庙会、香会，善男信女接踵而至，商贩艺人乐此不疲。佛教强调因果报应的理念深深融注到宁海百姓心中，民俗活动中宗教渗透深厚，人们很讲究细节，祭鬼神，敬天地，顶礼膜拜，一丝不苟。

宁海人过年，时间一般从腊月过半开始至正月底。有谚语说"前门拜岁客，后门割大麦"，收割大麦的时候差不多在农历二三月了，说明宁海人过年持续相当长的时间。从现存文献来看，宁海人过年的内容相当丰富，而且自然而然形成一整套繁缛的程序。清光绪

《宁海县志》载："腊月二十日拂尘祀灶，岁前数日，亲戚各以牲饩果饵相赠，谓之馈岁；除夕具牲醴祀神，谓之送岁；以酒馔祀其先，召亲邻聚饮，谓之分岁；明烛烧香，炽炭燔薪待旦，谓之守岁；先期预备品物蒸米为麸，新岁复炊而饭之；写春帖易门神，谓之从新。元旦早起，庭设香案，男女礼拜神祇及祖宗祠庙。越日，男子序拜尊长，出谒亲邻，谓之贺岁。市不贸易，杯酒往还者浃月曰岁酒。"实际上，宁海各村族在过年习俗上则规定得更细，程序更烦琐。

"五里不同风，十里不同俗"，一句话很好地概括了宁海民俗风情的特点。

取水习俗

宁海曾长期保留有特殊的民间生产习俗——"取水"，直至二十世纪八十年代初才逐渐消失。"取水"，也叫"求雨"。宁海夏天由于受副热带高气压带控制，盛夏季节里农业生产经营经常会遭遇干旱，田里水稻苗枯萎将死。为了抗旱，农民们很注重兴修水利，对抗旱和排涝起着积极的作用。但一遇上夏季久旱无雨，溪坑里也很少有水源供应，农人们唯有祈愿天降甘霖。于是衍生出"取水"这一民间信仰习俗。人们认为龙王是掌控云雨的神明，居住在大山中的深水龙潭里。夏季旱情严重时，就要请龙王施雨。

"取水"一般由一村或数村联合进行，先推选德高望重的人组成取水理事会。由理事会中最有名望的老者到神前祷告求得取水的黄道吉日，也有请道士择定日期的，一般以庚日天为好，常说"庚日作变"。再由理事会成员挑上三牲福礼、香烛、《心经》等到本地境庙神佛前用抓阄的方法选择龙潭（也有按正月是何龙当值来确定方位）。然后发布取水公告，告明何时何地取水，各村18—60岁的男丁，每户一人参加取水，沿途村口路廊要给予方便。

龙潭选定后，备上三牲福礼，道士穿上龙袍，手拿朝板，理事会班子陪同到龙王庙招龙魂。

取水前七日，把龙王庙或土地庙里的"龙王菩萨"抬出来，供上供品福礼。道士穿龙袍念咒语，族人一起跪拜、化财、放炮，把龙王供于太阳下任由太阳暴晒，这叫"烤龙王"，让龙王知道现在天旱，不要待在龙宫里，要向玉皇大帝禀告百姓遭灾，要大发慈悲，施放甘霖。求雨不能完全依赖道士之法术，也要全体男女虔诚。理事会制定取水规令，求雨前斋戒沐浴，男女必须分床；求雨时，只准穿草鞋、蒲鞋，不准戴笠帽等。"烤龙王"七天后，若仍万里晴空，无下雨迹象，则举行隆重的"取水"仪式。

取水的队伍，一般这样组成：先头二人扛着写有"肃静""回避"等字的开路牌，二人扛着高爵牌。后面紧跟四个头戴青丝帽、手举清道旗，或头戴高帽、身穿青衣、手捏观音串的差人。紧接着是龙王老爷的轿子，代表龙王的牌位放轿子里面。紧跟其后的是耆老队，由德高望重的老者若干人组成，内选一人为先锋。全体人员穿白长衫，头戴凉帽，手执羽扇。并选两人抬一只竹筒或玻璃水瓶，一人扛水旗，水旗即一株带竹帚丝、用白布扎到竹脑头、捆上棕榈丝的毛竹，竹身包上红土布，另一人持钢叉在前开道。水旗也叫"水池竹"，竹身鲜活碧绿，竹梢留着长软的枝条，象征龙王的尾巴。水旗后面是壮年队，都是年轻力壮者，穿白短衣裤，扛彩旗和龙刀龙枪，有条件的是銮驾（十八般兵器）出场。一人担着两面大铜锣，并自行敲打前面的，后面的由人跟着敲打，乐曲为本地农民熟知的三五七曲。随后是穿袈裟的和尚和着道袍的道士，随时在路上龙潭前取水。紧随其后的还有船灯、抬阁、鼓亭等，其柱上均写取水特用的对联。凡参加取水的人一律穿蒲鞋、草鞋，不准带雨具。

取水队伍浩浩荡荡向龙潭进发。所过之处，各村都要给予方便。有的村还有茶水点心供给，因为他们也需要缓解旱情。

队伍来到龙潭，设求雨祭坛，上供丰盛祭品。和尚念经，道士挥舞桃木剑、五雷牌等，最后在龙画像前焚香申牒，牒文多为文人撰写，用恳切、坚决、软硬兼施的语言告知旱情、百姓遭难之情景，请龙显灵降雨，否则将如何如何。

读罢牒文，焚稿，众人分头在龙潭里寻找，看见水里生物，不管是鱼、虾、泥鳅还是青蛙，立即捉住，披上红土布，放在带来的水瓶里，表示龙已找到。人们相信，龙王是不肯现真身的，常常会变化成鱼虾之类出来游戏。用棕丝片盖住水瓶口，将水瓶放在豆腐袋中，吊挂在"水池竹"的竹梢上。

找到"龙"后，人们就动身回家。先锋要择地随时高喊："××龙潭龙王行雨喽"或"龙王虚空——如车大水呵——"就是说，行雨的龙王菩萨呵，雨要像车水一样倒下来。于是队伍就向后退，躬身拜揖。拜罢转回身，队伍往回走。走三步，先锋又是一声高喊，大家又再拜。一路走，一路反复拜揖。

众耆老事先把"水池竹"浸在龙潭里，用带水茅草一匝一匝缚在竹枝上。取水队伍回程时经过别的村庄，人们都会在村口摆起香案迎水。每过一村，耆老就会解下竹枝上的茅草圈作赠，表示若下雨时，也会在该村下雨。

取水队伍一般要经过县衙，县官必定出衙迎接。宁海县前童于民国二十四年（1935）到吉净坑龙潭取水，回程进城关东门，出西门，路经县衙，县长头戴草帽，身穿白长衫，脚穿蒲鞋，手摇鸡毛扇，亲自前往接水，被百姓传为美谈。

求雨归来，请"龙王""龙圣"入庙，供奉香烛，竖"水池竹"于庙内，每天供斋，直至天降大雨。

旱情解除后，要举行隆重的送龙仪式，以轿抬装有"龙圣"的水瓶，前后黄罗伞，乐队吹奏前导，送龙归潭，并将水池竹插在龙潭里。邻近村庄亦群起助兴。有的村庄专门请人在潭壁或潭的附近刻字，以资留念。如白龙潭就有"灵应"之类的石刻多处，梁源潭也有

"述同载谒，绍圣丙子七月十三日"的字刻，可见宁海至少在宋代就有取水求雨活动。这些文化遗存尚在，但取水仪式今已不作兴了，只在人们口头上流传。但它的存在和前童元宵行会的发生有着异曲同工之处。归根到底，无论是求雨取水，还是开渠凿碶，都是为了追求人与自然的和谐相处，确保农业大丰收，百姓安居乐业。

3. 宁海的元宵佳节

正月亦叫元月，十五之宵是月圆之夜，元宵就是元月月圆之宵，也是一年一度的首次月圆之夜，民俗中管它叫团圆节。

元宵节跟古代祭祀太乙神有关。太乙神就是天帝，主宰人间祸福，传说他指挥着十六条龙替八方行云降雨。在农耕时代，雨水与作物命运息息相关，人们为求得风调雨顺，五谷丰登，在新年元月里首祭的就是太乙神。到了西汉武帝时，建《太初历》，在历法中正式规定正月十五为元宵节，节日这天从朝廷到民间都要祭祀太乙神。元宵节又叫上元节，跟道教有关。东汉张道陵创立道教，叫天师道，后世给他封号为张天师。道教尊奉"三官大帝"，即天官、地官、水官。天官生辰正月十五，称上元节；地官生辰七月十五，称中元节；水官生辰十月十五，称下元节。

天官最大，道教宣扬"天官好乐"，上元节又是传统的元宵节，人们为求得"天官赐福"，就在这既是元宵节又是上元节的节日里大搞娱乐活动。

猜灯谜

马灯

元宵节是我国传统节日。宁海人民闹元宵之俗很是闹猛。清光绪《宁海县志》载："元宵燔桑柴，谓之燀址界，市庙里社结彩张灯，演剧敬神至二十乃止。正月十五谓元宵，城中演剧十四起，乡间十三起。"就是说宁海乡间从十三日开始就着手闹元宵了。传统上，宁海以正月十四为元宵，俗称"十四夜"。是日，各家折樟树枝插门口以"避邪"；晚上则烧樟树枝叶噼啪作响，称"燀址界"，说是压瘴气。一人手持樟树枝叶和易燃草把点着火，发出一股清香，烧樟树枝叶噼啪作响，沿着家里墙壁旮旯走，另一人拿一把扫帚跟在后面扫，嘴里反复地念："十四夜，燀址界，燀燀樟树梗，银子哗哗响，燀燀樟树叶，银子叠打叠，金银财富燀进界，腌臜晦气燀出外"，以除"晦气"、图吉利。妇人提着供品到村口的大树下，请树下虚空，在边上捡拾小石子拿回家放在水缸边，以期当年顺利豢养家禽。晚餐有吃汤包、团子、胡辣羹、米饺筒等习惯。胡辣羹，宁海当地又叫"馏"，以宁海县域一市、桑洲一带最盛。当地还流传着"卅年夜的鼓，十四夜的肚"的民谚，意思是说，十四夜的肚子比平时要大好几倍，可吃十碗八碗的百家馏。这一夜各家主人非常欢迎人们到自己家里吃馏，吃的人越多主人就越高兴，由于制作方法不同，品尝不同滋味的馏也成了吃馏的一大乐趣。元宵时，家家做彩灯悬挂，小孩携灯串街走巷，并有舞龙灯、耍狮子、走船灯、踩高跷等活动。锣鼓喧天，夜半方休。城内及各大村祠庙，正月十三或十四有祭祀活动，演戏敬神，至十七、十八后各种活动逐渐收场，俗有"七落猪羊八落灯，九落做戏人"之语。

一直到今天，宁海乡间仍然留有正月在村属境主庙或庵堂里点天灯的习俗，就是在这些地方天井里竖起长毛竹竿，系上绳子，傍晚时将灯笼高挂在竹梢头上，第二天清晨取下来。只是具体时间上稍有些不同而已。一般都在正月初二那天晚上开始点天灯，称上灯日，到二月初二才停止，那天又称落灯日。也有正月初八那天为上灯日，正月十八为落灯日的。但在这个时间段里，唯有正月十四夜的上灯最

宁海元宵佳节盛况

观灯、看戏

锣鼓喧天，夜半方休

为隆重，众人拖家带口到庙里，念经祈祷一番，看着天灯升起高挂后，才始散去。

今留存有许多描写宁海元宵节情景的诗句："元宵杂戏集年年，彻夜怜侬未得眠。狮子龙灯才过去，门前又闹采莲船。"又有"庆赏元宵演戏文，镇龙庙里闹纷纷。梨园较旧今愈好，一种昆腔素未闻"。《宁海竹枝词》写道："元宵演剧到春残，乘兴何妨日日看。共道经年辛苦甚，三时工作一时欢。"观灯、看戏是主要的文化娱乐活动，时间不限在"十四夜"，要热闹好几天。长街山头村的灯人会，自十二日起就开始举行上灯仪式，将宗庙里的灯笼点亮升至高空，称为"点天灯"，十三日举行灯会巡游，领着境主菩萨闹元宵，直至十八日举行送灯仪式，闹元宵活动才告结束。正月十八夜，西岙村行大龙习俗。晚上八时，两条各由四十人肩扛的巨大龙灯，由大锣和大龙旗开路，数名手持大龙叉的壮士护卫，后随鼓亭队、锣鼓队和火铳队，在阵阵鞭炮和锣鼓声中开展巡村活动。

4. 宁海元宵节的由来

宁海十四夜闹元宵的习俗有着久远且丰富的传说支撑。

传说之一：正月十四燀址界、喝胡辣汤，是从元朝末年"杀鞑子"开始的。胡人从北方打到南方，叫南方人为"南人"。胡人把南人杀得血污狼藉后，又把杀剩的南人编成五户一连，每连立一块址界，派一个胡人管辖。胡人怕南人造反，限定十户人家并用一把菜刀。管事的胡人要南人供养，逢年过节要让胡人先"尝新"，拜堂成亲要让胡人先同新娘睡觉。南人有冤无处申，有苦无处诉，都恨不得一夜杀光这些胡人，可惜就缺一个领头人。有一个读书人，想了一个计策，在中秋节做了许多月饼，每只月饼里面夹上一张纸条，纸条上面写着："今年八月十六吃月饼，明年正月十四杀胡人"。因为过节日要先孝敬胡人，这位读书人就把吃月饼的日子排在中秋节后，又把杀胡人的日子排在元宵节前。这样使得胡人一点也不知晓，只有南人知晓。正月十四夜一到，家家齐动手，人人杀"鞑子"，一个黄昏就把每个址界里的胡人杀光。杀了胡人，南人出了怨气，每户人家动手，人人斫来樟树枝，放在"址界"上燀，把胡人立的址界烧个精光。址界烧光，各"连"相通，人们可以相互往来了。址界燀好，家家煮起胡辣汤，人人喝一碗。胡辣汤是用淀粉加青菜等煮成的。"胡"是胡人，煮胡辣汤比作把胡人煮成汤，吃了再不受欺压。从此，十四夜，燀址界，燀了址界再喝胡辣汤，就一直流传下来了。

传说之二：相传明嘉靖某年正月十四日，名将戚继光所率的"戚家军"在海边重创一支入侵的倭寇。残寇无船出海逃窜，于是向内地溃逃。至黄岩县天色已晚，倭寇有的钻进橘林，有的窜入民房，一时难以围捕。戚继光下令家家户户点灯（原准备在正月十五用的），顿时灯火辉煌，亮如白昼。军民合力搜查，倭寇无一漏网。为了纪念这次胜利，故台州地区都提前一天在每年的正月十四欢度元宵节，而宁海地属台州，以后相沿成习。

　　还有传说元末明初的方国珍孝敬吃素的母亲，提前在正月十四过元宵，从此宁海十四夜过元宵。类似的传说尚有数种。这里不一一列举。

[贰]前童元宵行会的发展

　　前童村落地处白溪和梁皇溪岸边，但由于地势呈村落高、溪流低之势，村民的生产生活用水十分困难，农田生产灌溉条件很差。当地人常称白溪为"拔肚坑"，每当夏季暴雨来临，山洪倾泻，暴涨的溪水漫过河堤，淹没庄稼和村庄。可洪水一过，水位下降，灌溉农田、人畜饮水都成问题了。所以前童村属的农业收成的丰歉常常取决于天时，百姓为此苦不堪言。

前童古村

　　明正德三年（1508），全宁海地区大旱，乡间的田地开裂，农业生产受挫，百姓忍饥挨饿。据民间传说，当时富裕人家尚可吃家中贮存着的粮食，而绝大多数的穷人则无法生活了。也就在那一年，倭寇从海上入侵浙江，宁海地处东海岸边，遭受双重灾难。

　　当时，前童塔山童氏第十二世先祖童濠（童继乐，名濠，字克富）是塔山脚下的一个大户，他家除自有子孙私田外，还有公田可年产粮二百石。为救助受灾族人，童濠把自家的存粮分给童氏族人。由于受灾，没法上缴朝廷的公粮，为此，童濠就替当地百姓私造了一份完成上缴公粮的名册。就因此事，童濠被官府抓走。当被责问为

塔山、鹿山相望

何造假，童濠说："人都要饿死了，你们官府还要征收粮食。只要百姓能活下去，今年不收公粮，等明年丰收了，还可以再收。我自己已经把存粮分发给大家了，所以恳请官府也要开仓放粮。"童濠又提议，号召全县的大户人家都来放粮赈灾，以帮助百姓渡过难关。在他的感召下，官府不仅没有将他治罪，还开仓放粮，百姓因此得救。

童濠回家后，针对当时的农业生产干旱情况，思考如何改造前童所处的水利环境，决定自白溪的上游筑碶坝沿引白溪水灌溉前童村的农田。于是，从明正德四年（1509）开始，他发动全村男女老少，有钱的出钱，有力的出力，大家同心同德开渠凿碶。童濠家本来就很富有，他倾其所有为全村人谋幸福。引水的碶坝口开在现属岔路镇的一片长满杨柳林的地方。那里方圆是沃土良田，都为一些豪门贵族所有。童濠与他们交涉，但这些人生怕前童引走了白溪水，自家的田地灌溉会成问题，不肯让前童人的碶坝筑在他们的地盘上。开渠凿碶坝受阻，焦急的童濠跑到现前童镇所辖的南呑村，与他娘舅商量如何取得富豪们的同意。他娘舅向外甥授一计：在前童的鹿山顶上放置三口大稻桶，里面填满沙土，最上面堆放着银子。阳光下，银子闪闪发光，方圆四周一目了然。然后童濠放出风声说：能通融就通融；不行，就用这么多的银子来打官司。豪门贵族一见前童人这阵势，只得相让。碶口一开，沟渠一通，白溪水汩汩而来，灌溉了前童上千亩良田。

　　水利工程杨柳洪碶的建成，彻底改善了前童村庄的生产生活条件，给塔山童氏族人带来极大的方便。从杨柳洪碶到前童村庄的引水渠有十余里长，水流经过时，流速不快，造成渠道堵塞。为使杨柳洪碶畅通，童濠又制定了一套管理碶渠的办法："以田三百石为一结，统编族丁为十结，每结值碶一岁。于仲春将有事西畴，备肴馔，招十结人于碶畔，醴酒祭碶。结，群坐而享。乃持竿界碶为十段，拈阄分疏，难易故无所择也。其碶口上有湮塞，则合力公疏，或一日、二日、三四日，值结者待之以茶而已，是曰'开碶'。至夏间，则复视水大小浅深而再浚之。"在五百多年前的前童，靠一个村族人完成杨柳洪碶工程，在当时是附近范围内一件十分轰动的大事。童濠率众族人在数年的坚持努力后，建成了"碶通沟，沟通洫，洫通浍"的水利工程体系，进村家家户户得水，出村田垄皆可灌溉。从此这块土地"不必有桔槔之苦，而硗者已成为沃矣"。由于水利既得，水源充足，人们生活安定，农业生产发展，"五谷百材所获自丰，由是人安物阜"。工程竣工于新年之际，既是喜庆的日子，又是农业生产闲时，童氏族人以传统节日元宵节为时间节点，举行盛大的庆祝活动，而且定下规矩，年年都要在闹元宵时一并举行。

　　塔山童氏第十二世祖童濠在世时，族人们以出纸灯、迎境神、燃放自制的铳花、舞龙舞狮等活动来庆贺建碶成功和由此获得的丰收，从而形成庆贺灯会。这种庆贺活动，既是对建成杨柳洪碶的一

杨柳洪砩坝

种喜悦,更是对童濠为塔山童氏族人所做贡献的一种敬意。出纸灯是元宵节庆祝活动中的一项主要内容。当时的元宵行会活动精神主旨是庆贺,这是塔山童氏族人表达他们成功改造自然从而改善生活的一种愉悦情感。随着童濠的逝世,元宵行会活动的主旨有了新的变化,除了原有的对元宵行会的庆贺含义外,更多了一层童氏族人对先人的思念、敬畏和感恩。传统的元宵行会活动,其最具标志性的活动道具是灯。由于纸灯容易损坏,前童又多能工巧匠,人们发明了用竹篾做骨架、纸糊的大灯笼,而且做成各种形状和样式,内置燃烛。元宵灯会在月亮最圆最亮的时候举行,天上的月亮和地上的灯

元宵节庆祝活动实况

龙灯巡游

火交相辉映，人们载歌载舞闹元宵。

　　童濠逝世后，童氏子孙为纪念童濠的恩德，在塔山脚下建造了塔山庙，塑造了童濠神像，尊称其为"濠公老爷"。每当岁时节令，童氏后人都要来祭拜。此后每年的前童元宵行会，塔山童氏族人给行会又增添了一项新的内容，那就是把"濠公老爷"请出塔山庙，抬着他参与元宵行会活动。人们从庙里抬出濠公像，穿行在前童各村庄田间，让濠公与大家分享丰收的喜悦。

　　童濠在塔山童氏族人的心目中是一位功德无量的先祖。童氏族人为了更好地表达对他的敬重、对童氏祖先的感恩，不断丰富元宵行会的形式和内容，而且对行会中的各种道具的样式进行了创新和提升，使前童元宵行会在不断的创新中得到发展、完善。随着时间的推移，一年一度的前童元宵行会在塔山童氏族人的共同努力下不断完善和进步，渐渐成了前童村落中的一个文化品牌和影响周边地域的一个文化盛会。特别是前童行会中标志性的鼓亭、抬阁、秋千的出现，将前童元宵行会的品位和质量提升到了一个新的高度。

童氏子孙纪念童濠

　　塔山童氏族人认为竹制的灯笼不足以表达他们对祖先的情感。那些有精湛的木作和雕刻技艺的童氏后人，开始着手为行会活动制作一种更加精美的道具，于是便选择了以木头为基本制作原料，并雕刻大量精美的装饰，制成了最早的鼓亭。当然最初的鼓亭并未如我们今天所见到的这般精美和艺术化，但也正是有了这样的创新意识，才有了今天前童鼓亭的宏伟气势和精彩面貌。如今前童保存的鼓亭、抬阁、秋千中，最早的一杠制作于清嘉庆年间。由于这种木质鼓亭具有美观、气派的艺术特点，被一代代塔山童氏族人认可，后来各房派纷纷仿效制作，渐渐形成了前童元宵行会以鼓亭、抬阁、秋千为主要道具的活动。这些鼓亭、抬阁、秋千的出现，其实并不仅是童氏族人对形式美的一种追求，更是族人们对先人的一种追思和纪念。前童的每一杠鼓亭、抬阁、秋千，都是为了纪念某位有功于塔山童氏的前人。童氏后人通过这种形式来表达他们不忘前人的恩泽和功德。

　　在前童元宵行会中，众多的民俗、民间艺术之所以能够年年传承下来，并且有所创新，得益于塔山童氏宗族组织结构中房族制度的有效运行。塔山童氏的宗法制度有史可查的始见于方孝孺的定规。明洪武十八年（1385），方孝孺受乡贤童伯礼邀请，为童氏纂修家谱，对童氏的宗祠制度、祭祀仪式、纲常伦理等做了详尽的规定。清康熙二十四年（1685）重修的《塔山童氏宗谱》谱序二记载："其先公延方正学先生为师，为之定庙制，修礼乐，严祀事，重谱典，世世子孙，守为至宝，至今十有九传。"塔山童氏以敦字辈排行作为房族制的开始，其后按族脉流传而设定房族，一个房族作为一脉童氏而传承。前童元宵行会中的民俗和民间艺术，均以房族的代表来参与活动过程，其资产属性是属于某一房族的共同财产，前童元宵行会之所以能经久不息，而且越办越好，与这一点密切相关。因此前童元宵行会的形成、传承和发展既得益于我国传统的元宵民俗节日，也得益于地域文化所形成的民间风俗，更得益于拥有鲜明文化特色和文化积淀的童氏家族文化。正是这种自然与人文的有机结合，创造出了具有塔山童氏宗族文化印记的前童元宵行会，形成了以姓、村为基本单位的具有鲜明地域文化特色和独特家族文化印记的民俗文化盛会。

元宵行会成了前童人固定的追念祖先功德、庆祝生活安康幸福的活动。但到二十世纪"文化大革命"时期，前童元宵行会被认为是封建迷信活动而停止。也正是在那期间，许多鼓亭、抬阁、秋千遭到摧毁，有些童氏族人不甘心这精美的道具被破坏，于是悄悄联合起来，或是偷藏在自家的谷仓里，或是卸下各部位构件收藏好，期待有一天能重新用起来，但还是有九杠鼓亭、抬阁、秋千被摧毁了。1995年，前童举办"建村760周年"庆祝活动，重新恢复了元宵行会。这些曾经被童氏族人隐秘保存的鼓亭、抬阁、秋千得以重新亮相。

随着前童元宵行会的恢复，童氏族人更加注重自己祖传的习俗。虽然到二十世纪九十年代，童氏的祀田已经被废除了，行会活动的资金来源变了，由原来的祀田租金改成古镇上菜市场的租金收入，另有各房族中办企业、经商的族人主动出资帮助本房行会活动，使得前童元宵行会一年年持续进行。以前的铳花筒因制作烦琐、施放不安全等因素被淘汰，现由烟花爆竹代替，施放时的场景甚至比以前的更加壮观、漂亮。至此，前童元宵行会步入了程式化、规范化的轨道，在约定俗成的条件下，村民们遵守乡规民约，使行会活动有条不紊、热热闹闹地进行，为宁海的传统春节添上浓墨重彩的一笔。近年来，行会盛况越发空前，吸引了整个宁海区域甚至更远地方的人

桂圆红枣茶迎宾客

前童元宵行会上的鼓亭、抬阁、秋千

慕名前来闹元宵。

[叁]前童元宵行会的影响

童濠是塔山童氏族人的先祖,但在童氏族人的心目中,童濠不仅仅是他们的祖先,更是神。童濠在世时,自掏家财接济贫苦百姓,上谏官府开仓放粮救灾,并排除危难,兴修水利设施,泽及一方百姓。他逝世后,童氏后人感其恩德,建庙塑像,祭祀朝拜,推崇敬仰。每年元宵行会活动,童氏后人抬濠公像行游田头,察看水利。慕名前来看灯会、闹元宵的人们也被童濠精神所感动,参加行会活动的民众越来越多,行会活动一年比一年闹猛。

宁海人历来在正月十四过传统的元宵节,即"十四夜"。那天,人们只要提起如何过"十四夜",大家马上会异口同声:"去前童看行会。"现在,前童元宵行会不仅仅是前童人的节日盛会,更上升为宁海人的节日活动。近年来,它的名声越传越远。元宵节期间,许多外地的游客都慕名来前童观看元宵行会。童氏后人更以其热情和盛装展示着他们的传统文化,前童成了人们欣赏浙东民俗文化的好去处。前童元宵行会,无论是活动形式、活动内容,还是民俗风情,都非常有特色,它已成了前童人心里不可或缺的一部分,成为一种不可替代的文化传统。

前童是一个比较典型的村落家族。中华人民共和国成立前,这个村落完全属于童姓人,直到现在村落中的人十有八九还是出自童姓血统，他们有着共同的血缘和地缘，自称"塔山童氏"。这个历史悠久、人口众多的大家庭凝聚不散、生生不息，主要靠的是和谐的思想。和谐是童氏家族凝聚村落、发展村落的原动力，是培育家族精神的向导和支撑力。和谐表现在三方面：一是前童人历来比较注意与环境的和谐相处，讲求"顺其自然"，表现出某种朴素的"可持续发展"意识，当然，这种和谐相处又并不完全是消极被动的，童濠修建水砩坝就是主动促进人与自然的和谐；二是注重教育，先祖保障家族兴旺发达，关键是要用儒家所提倡的礼仪道德来教育族中子弟，治心修身；三是注重家礼、家规教化子孙，世代传承，身体力行，形成良好的家风。历代的前童人以其先祖垂训自勉，锤炼童氏家族守正品格，从而提升村落的名望，使之成为这方土地的领首村族。

从元宵行会看，前童在保持家族文化的绵延不绝、家族成员的情感认同和向心力及凝聚力方面确实做得很好。前童人教育后代不忘所自，热爱家乡，自强不息。这其中的经验和教训值得我们今天在新农村建设过程中借鉴。

前童元宵活动场面之大、气氛之活跃、秩序之良好，令人震惊。历经了前童元宵活动的整个过程，我们越来越清醒地认识到，今后我们的工作更要密切地关注传统的民俗文化事象与现代社会精神文明建设之间的关系。如何取精华、去糟粕，促进新农村建设，有待探索。

　　前童元宵行会历史悠久，长盛不衰，参与人数众多，闻名遐迩，是浙东地区有影响力的大型节庆民俗盛会，有重要的历史学、民俗学、艺术学价值。同时，对于增强社会凝聚力亦有重要的现实意义。

二、前童元宵行会的主要内容

前童元宵行会的主要活动是闹元宵中鼓亭、抬阁、秋千等民间艺术的巡游活动和塔山童氏族人对先祖的祭祀过程。大年初一一过，塔山童氏族人就开始行会的准备工作，民俗总支办负责人主持召开坐堂会，商量活动安排。然后各房派积极开展准备工作，轮值田户做好搭建祭祀棚、采办祭祀供品等琐碎的工作。正月十四、十五两天，按照既定的活动方案和路线开展元宵行会的巡游活动和晚上的灯会活动。

二、前童元宵行会的主要内容

前童元宵行会的主要活动是闹元宵中鼓亭、抬阁、秋千等民间艺术的巡游活动和塔山童氏族人对先祖的祭祀过程。大年初一一过，塔山童氏族人就开始行会的准备工作，轮值的房族督促各房派整理修缮鼓亭、抬阁、秋千等活动道具，张贴催丁票，吩咐大家合力安排好农事。民俗总支办负责人主持召开坐堂会，商量活动安排。然后各房派积极开展准备工作，轮值田户做好搭建祭祀棚、采办祭祀供品等琐碎的工作。正月十四、十五两天，按照既定的活动方案和路线开展元宵行会的巡游活动和晚上的灯会活动。

旧时，前童元宵行会的组织工作由童氏各房派的族长主持。塔山童氏发展到今天的十八个房派，每一房派族长都负责管理好本房族的相关事务。1995年，前童举行"建村760周年"活动，恢复元宵行会时，则由前童村落的村长主持召开。后来则由村里的总支办负责至今。

[壹]前童元宵行会的过程

1. 召开堂会

堂会也称"坐堂会"，或者"轿会"。会议于正月初十下午一时

召开堂会

堂会现场

整在前童大宗祠内召开,童氏后人商讨元宵行会事宜。以前是轮值房族的族长负责召开堂会,现由前童村民俗总支办负责人主持会议,参加会议的人是各房族有身份、有威信的族长或当家人及值砩户,现在还包括了前童古村落所含的鹿山、双桥、塔山、鹿分、联合五大童姓自然村的负责人。众人商讨行会经费来源及开支、内容的增删、游行路线、行进过程中需要注意的安全事项和需清理的道路障碍等。民俗总支办负责人下令:按照传统排列鼓亭、抬阁、秋千等行会活动道具行进的顺序,公忠亭位列第一,其他的以各房族抓阄决定游艺队伍的先后次序。各房族负责人必须遵从村长的安排与领导。责成当年值砩各户所在的房族置办祭祀福礼、场面布置等。会议

众人抓阄

申明，各杠鼓亭、抬阁、秋千等行会道具的修缮、装饰，乐器的配备及游行队伍的其他开支等由各房族自行解决。各房族当家人务必组织好本房行会队伍，确保活动顺畅、热闹。然后，塔山童氏十八房的族长或

抓到如意的阄儿了

负责人开始抓阄。抓阄确定各房族鼓亭、抬阁、秋千的排列顺序后，众人不得有异议。遵照总支办负责人的吩咐，众人回去跟本房族各家各户商定活动各种事项，包括本房族的活动经费的筹集和开支及具体活动安排。如果本房族拥有抬阁和秋千，则要明确：谁家的孩子扮演抬阁、秋千上的古装人物；哪几个人当先导队员，负责道路安全畅通；哪几个人扛大旗，抬鼓亭、抬阁、秋千；哪几个人组成乐队，活动时演奏民间音乐；哪些人负责后勤保障；等等。事无巨细，都须考虑得周到。

2. 张贴催丁票

各房族在召开堂会前，轮值碖的佃户（现在是轮值碖的房族），就已经请本房识字的长者书写了催丁票，告知众人注意：马上要举行行会活动，大家要做好准备工作。催丁票，类似于我们现在所说的"告示"或"通知"一类的文案。其内容写在长约60厘米、宽约40厘

张贴催丁票

米的红纸上。一般要准备二十多张，张贴在前童各小巷、路口等交
通便利的地方，以方便童氏族人了解行会进行情况。堂会还没结束，
值硙户在铜锣担的先导下，将早准备好的催丁票拿出去张贴了。其
中两位族人抬着一面大铜锣，前面那人引路，后面那人边走边敲打，
紧跟着的是张贴催丁票的族人。这两位族人，一位端着盛放糨糊的
脸盆，在行人通行比较多的岔路口边上的墙壁刷几下，另一个拿出
一张催丁票贴平整，然后继续跟随铜锣担张贴。传统的催丁票上书
写的主要内容如下："盖自濠公开硙成功，我塔山童氏早备铳花鸣钲
出纸灯迎境神，所以祈有年，庆元宵也。届自大明正德四年起，既衍
为隆重之元宵行会，当此，按既定规约，行会期间，凡我青壮族丁，

务必自请投效，家家户户务必做到：一、上八（即初八）一过要出到田间的农家肥在初十日前都要结束；二、所有的街巷墙弄要保持整洁卫生；三、童氏后人十八岁以上、六十岁以下的男丁都有义务参加行会活动；四、正月十四、十五行会期间停止一切其他有碍行会的活动；五、各家各户要做好防盗防火工作，要做到祥和团结，以礼待人，快乐有序；六、发扬传统，人人参与，家家兴旺。"

塔山童氏后人，不论男女老少，看到催丁

安装鼓亭

装扮鼓亭

架着梯子在高处装扮人物

票后，都遵照执行。张贴催丁票，宣告塔山童氏的元宵行会就要开始了，请童氏族人都要参与行会，各房族准备好大旗、鼓亭、抬阁、秋千、乐器等行会用的器具。各家各户要做好准备工作，采办供品、提供桌凳、搭建祭祀棚、清理行会沿路障碍物。

3. 敲铜锣

敲铜锣是元宵行会开始的前奏，在古村的街道小巷里敲打铜锣作为号召、通知的传统，俗称"咣铜龙"，从寓意上来说，和张贴催丁票有着同样的作用，只不过催丁票是以静态的方式出现，而敲铜锣则是以动态的方式出现，更加振奋人心，提醒童氏族人要积极准备参与行会活动，尤其是童氏族人中的男性族人要集中起来。这个活动除了营造活动声势、酝酿氛围之外，俗信还认为可因此协调阴阳，按五行学来讲，前童是个火太旺的村落，"咣铜龙"可以制火，并有某种辟邪的功用。前童村前的石镜山上有一块大石头，表面山泉泄流。到了冬天，因严寒结冰，将太阳光反照到前童村，当地俗信认为前童村内的火势必定旺，容易发生火灾。而敲打铜锣，即金能生水，水能克火。同时还提醒人们闹元宵时要小心火烛。另外，宁海乡间历来有在民间信仰活动中放炮仗、敲铜锣的习俗，民间认为敲铜锣有辟邪恶的作用，传说邪魔都惧怕声响，此举驱魔辟邪，保护村落平安吉祥。

敲打铜锣是一件很严格、很规范的事情。"咣铜龙"从正月初

从大宗祠出发准备去敲铜锣

铜锣队伍

十开始，到正月十四上午止，轮值的房族要派出人员沿街敲打，敲锣人数每日倍增，直至正月十四，形成上百面大小铜锣的队伍，浩浩荡荡，民谣曰："铜锣嘡嘡响，百姓喜洋洋"。正月初十那天，由值碓户带头敲锣。铜锣担为前童童氏大宗族所有，平时存放在大宗祠里，元宵行会期间拿出来使用。铜锣的数量以担计算，两人为一组，一人用一根扁担挑着两面大锣，称一担，后面紧跟一人边走边敲打大锣。第一天是四担，第二天是八担……如此每天成倍增加，到十四日上午则是六十四担。一般由值碓户里健康的老年男性负责敲铜锣，除值碓户外的童氏家族的一些老人和小孩也会自发加入敲铜锣的队伍中，开始酝酿闹元宵的气氛。

值碓户每日挑着担子敲打铜锣三次，即早上、中午和晚上。众人从大宗祠出发，按行会所经过的固定路线走街串巷，敲锣宣告元宵行会巡游将开始。人们敲铜锣的声音要一天比一天响，一天比一天紧，旨在告诉人们，赶快完成手头的活儿，行会要开始了。这是催锣，要动员全部童氏族人参加活动。如果动员效果不明显，则会增加这个房族的压力。来的人不多，行会的气氛不活跃，那这个房族就感到很难为情、自卑，而且这点也反映了一个房族的兴旺与否。催丁票一贴，铜锣一敲打，前童的人们就忙忙碌碌地投入行会活动的准备中去。

4. 备供品

按传统，前童元宵行会祭祀采办供品的费用来源于族内的宗祀田收入。童氏在塔山是个比较大的村落家族，自始迁祖以来每代太公一般都置有数量不等的宗祀田。宗祀田又称祀田、祖田，分戏田和祀田两种。祀田的收入大多作一年四季祭祀的费用。戏田即为宗祠祖庙大祭，或逢年过节时请戏班子演出的经费开支田。旧时，祀田和戏田的收入用于前童元宵行会的塔山庙、大宗祠祭祀。如今没有了祀田和戏田，前童元宵行会的祭祀等的开支则主要有民俗总支办和各房族自行出资两处来源。现在村中也有部分当年值碑的房族出钱，请各自然村的老年协会来操办。民俗总支办的资金来源于村里的企业、市场等租金的收入。现在各房派的宗族荣耀思想还是很重

人们准备茶点待客

人们在摆放全猪、全羊祭品

的，大家都积极配合、响应公众的事业。因为是轮值置办祭品，所以各房派争着较劲，祭品年年丰盛。

正月十四前几天，负责当年值硃的房族出资准备供品。十四日一大早，值硃的房族早已将供品福礼供奉在塔山庙里的濠公塑像前。濠公像的正前头是当地祭祀常见的供品：猪条肉、子鱼、豆腐、粉丝面、大盘的馈[1]（有时用馒头替代）、麻糍、状元糕、空心腐、香干、木耳、黄花菜等荤素菜肴，再延伸出去的供桌上是各种水果、各色糕点，品种相当丰富，一般有几十盘（盆）。供桌两边的木架上趴放着宰净的一只全猪、一只全羊，全以刀头盐辟邪。从整个场面来看，

[1] 馈：古字"餽"。由糯米制成、外形像馒头的一种食物。

祭祀供品相当丰盛。塔山庙里，早先行会祭祀的供品稍微简单些，五荤五素十盘，另备糕点水果，硬壳果品的十盘，软壳果品的十盘。现在是越摆越多，全猪、全羊都用上了。这里要特别说明的是全猪、全羊的祭品，是宁海民间信仰活动中最高祭祀规格的供品：宰杀整一只猪和整一只羊；将猪、羊的内脏洗净后，吊挂在木架子下端，意为全猪、全羊；猪、羊头部放菜刀，刀面上放食盐，以供神灵和先祖享用。当天早上，童氏后人全都来祭拜祖先，只需带香烛，不另备福礼。

除了塔山庙里的祭祀之外，前童家家户户都自发准备供品，在大街小巷的拐角处搭建祭祀棚，在行会队伍经过时祭祀他们的先祖濠公老爷。

以前晚上行会中施放的铳花，现已改成烟花，灯笼等则由村族集体或前童富裕人家出资采办。十四日前，前童的大街小巷及每家每户门楣前都挂上大红灯笼，节日气氛无比浓烈。

5. 祭祖

前童元宵行会是宁海前童塔山童氏族人每年元宵节期间举行的迎神祭祖、欢庆佳节的传统民俗活动。其中重头戏之一为族人祭祖。祭祖的场面有比较集中的地点和比较分散的各家各户门前或巷道拐弯处。十四日凌晨，值砩田户在童氏总宗祠和塔山庙、秧田头摆放三牲五谷、果品糕点等祭祀祖先。行会队伍经过的各家也在门前祭祖。

大宗祠祭祖

前童的宗祠建筑不少，各房派都有自己的宗祠，如曾经的著存祠、爱日堂、追远祠、永言祠，后来童氏后人所建造的鼓亭、抬阁、秋千都以宗祠命名，一定意义上是为了追念祖先的恩泽。前童大宗祠建于明洪武十八年（1385），建筑占地1.2亩。由童贤母率子童伯礼、伯谦等四兄弟所建，明方孝孺参与设计，后又有几次大规模的修缮。这是一座典型的传统宗庙建筑，由南向北依次为台门、戏台、天井、东西厢房及三间正厅。大宗祠是塔山童氏宗族祭祀祖宗、商议大事及农闲季节共同娱乐的场所。每年前童元宵行会开始之前，童氏族人都集聚在大宗祠内召开堂会，总管吩咐各房派房长合理安排农事，做好元宵行会的准备工作，发动所有族人参加行会巡游活动。元宵期间，轮值田砩的房族出资置办丰盛的祭品，规格很高，在元宵活动中是最为隆重的。童氏后人十四日一大早前来大宗祠，依长幼次序叩拜。行会队伍巡游时经过大宗祠前，都要面朝宗祠大门里，叩拜三下，才陆续通过。

以宗族祭祀、议事和执法为主要用途的大宗祠，是家族权威和血缘关系的象征。为了维护祠堂的神圣和庄严，童氏宗祠有一套严格的管理制度。宗祠共七个门，平时前大门锁闭，仅开后边两个小门。每逢节日演戏，则开左右及前门左右共六个门；元宵节大祭时方

祭品全羊

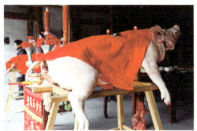

祭品全猪

才七个门一齐开。大宗祠是宗族议事、执法的场所，是公正的象征。凡是族中遇到大小事件必须到宗祠来商量，若不到宗祠去定夺，就会遭到族人的反对，甚至连决定的结果也要遭到异议。元宵节祭祖活动是大事，堂会就在童氏各房派代表人物齐聚宗祠时召开。

宗祠最隆重的仪式是元宵祭祖。祭祖前，轮值房族族长吩咐执事人清扫宗祠，张贴大红对联，布置祠堂内的享堂，准备好各种祭品。祭祀开始后，族人依照辈分大小排列，不得僭越，也不得乱言、戏谑、喧哗、伸懒腰、打哈欠，甚至不得咳嗽。祭祀完毕，轮值房族向全族分馒头，叫作散胙。每当族人受胙，其高兴程度是无法言喻的。

祭祀用的镴器

　　前童大宗祠是元宵行会的主祭场所。祭祀场面十分隆重。由当年的值砩田户采办供品。一排祭桌摆放在宗祠祖宗神像前正中位置，桌上按祖上规制放上二十二排全族最高规格的祭品，祭桌两旁供奉全猪全羊，祭祀祖先。童濠作为一位有功于童氏家族的先人，与大宗祠内的先祖一样受到此等礼遇。

　　值田户在祭祀前要准备传统的、上档次的祭器："大五字"一副、红桌帔两条、椅帔二十条、镴酒壶两把、象牙箸二十双、紫檀托盅二十个、紫檀酒杯二十个、银质酒杯托盘一个，还有大号篾丝祭盘四个、中号八个、小号十六个、茶盏八十七个，用以摆放祭品。

大宗祠夜晚祭祀

　　祭器摆设也很讲究。第一道是落地大香炉，摆在檐口处，供童氏后人祭拜时插香用。香炉后面是一排八仙桌，最外面的八仙桌朝天井这方系上红底金银彩绣的丝绸桌帔。

大宗祠内的祭祀物品

大宗祠祭祀

大宗祠内的祭品

两旁木架子上架着全猪、全羊。猪、羊头部朝内，心肺等内脏挂在腹部下端，背上放置刀头盐。桌上的供品摆放有序，从外口至内，第一张长条桌上是镌刻"老""寿"字图案的镬器，俗称"大五字"，有花瓶一对、烛台一副和香器一个。花瓶里插有鲜花，烛台上红烛燃烧。内里几张八仙桌并排成一线，最前面是净茶。第一道祭品是寓意美好的"姜太公钓鱼""鲤鱼跃龙门"。第二道祭品则是宁海地方上传统的祭品，宰杀干净下汤汆过的大公鸡、肋条猪肉、大块方形的豆腐、大盘堆叠馈、大块的麻糍、捆扎一束的粉丝面、油煎的黄鱼或用红纸蒙眼的活子鱼，还有黄花、木耳等寓意发达的菜肴，这些是祭祀的必备主菜。第三道祭品则是"五牲头"和十二生肖造型。唯有这些造型的祭品不是食物，而是木雕。"五牲头"指五样木雕造型件：龙头、"姜太公钓鱼""鲤鱼跃龙门""金鸡报晓"及当年所属的生肖动物。第四道祭品是鲜果和干果，鲜果是指各色水果，有苹果、香蕉、橘子等时令水果，干果则

有寓意深刻的桂圆、荔枝、花生、红枣、瓜子等，还有各色饴糖、糕
点等，在供桌上整排整齐摆放。这是童氏族人表达对祖先的崇敬
之情。十四日这天一大早，值田户就摆放好宗祠里的供品，童氏族人
携家眷陆续来到宗祠祭拜，他们只带来香烛，不带供品，净手顶礼
膜拜。

当天早上的祭祖仪式十分隆重。首先由族长手持焚香朝天三
拜，意为迎接天公到前童，然后迎回宗祠大堂，把焚香插入香炉中，
然后由族长率领各房房长及子孙们合掌叩拜祖先，再由族长向堂内
供桌上的酒盏里添加酒水。每添加一次，族长率房长及子孙们都要
行三跪九叩之大礼。待到酒过三巡，行过三次大礼之后便是送天公

塔山庙内挂满灯笼

祭祀濠公

回宫。族长从堂上香炉中拔出焚香，送出大宗祠，朝天三拜后，将焚香插在路边，然后回大宗祠叩谢祖宗，祭祀就告结束。

塔山庙祭祀

历史上，前童古村有许多庙宇，如塔山庙、南宫庙、将军庙、童氏家庙、镇龙庙等，这些宗教建筑中，如今只留下塔山庙、南宫庙等几座，其他大多已废。这些庙宇都是童氏族人所建，而且有一定的资产，如祀田、祀产。这些寺庙原都为供奉神像，如塔山庙是塔山童氏的家庙，内中祭祀着濠公老爷，即童氏祖先童濠，旁祀将一、将二、将三、将四。在塔山童氏族人心目中，童濠不仅是他们的祖先，更是保佑一方的神明。每年的元宵行会，童氏后人要把祖先神像抬

到白溪对岸的南岙向
"舅舅"拜岁。这种为
祖宗设立的家庙，现
在已经很少见了。塔
山庙建筑全部采用红
石头，石柱、石梁、石
枋都是红石做的。一
年中，只有元宵节行
会活动开始时，童氏
后人才将濠公像抬出
塔山庙，其余时间濠
公像都坐镇本庙。岁
时节令里，童氏后人
提着祭品到庙里祭拜
濠公。

塔山庙是童氏族
人为纪念先祖童濠而
修建的庙宇。十四日
一大早，值碰房族的
人们早已将供品福礼

状元糕

祭品中三大主食：胎沙、状元糕、大馒头

麻糍

供奉在塔山庙里的濠公塑像前。其中的祭品和宗祠内的有所不同。没有宗祠里的镴质祭器和十二生肖造型。濠公像的正前方是当地祭祀常见的供品：猪条肉、子鱼、豆腐、粉丝面、大盘的馈、麻糍、状元糕、空心腐、香干、木耳、黄花菜等荤素菜肴，再延伸出去的供桌上是各种水果、各色糕点，品种相当丰富，一般有几十盘（盆）。供桌两边的木架上趴放着宰净的一只全猪、一只全羊，全以刀头盐辟邪。从整个场面来看，祭祀供品相当丰盛。塔山庙里，早先行会祭祀的供品稍微简单些，五荤五素十盘，另备糕点水果，硬壳果品的十盘，软壳果品的十盘。现在是越摆越多，全猪全羊都用上了。元宵期间，童氏族人随时带着香烛来此祭拜兴修水利的先祖童濠，祈愿一年中年景好，农业丰收，族人后代人丁兴旺、家畜繁盛，生活平安幸福。

南宫庙祭拜娘舅

南宫庙，是童濠娘舅的家庙，但庙里祀奉楚灵王，旁祀十大明王。庙前四棵古柏树为宋柏，高达数丈。当年塔山童氏十二世祖童濠希望在白溪上筑砩引水，周边土地所有者不肯出让土地，是童濠的娘舅想出了妙计，人们才同意出让土地。正是因为这样，才成就了泽被后世的水利工程。童氏后人对这位娘舅十分感恩，每次前童的元宵行会活动中，都要在十四日下午将濠公抬到南宫庙拜谒娘舅，并在此歇息一晚。按现在的说法，是外甥到娘舅家拜岁了。南岙童濠娘舅家后人都提着祭礼来南岙祭拜童濠外甥。在宁海民间习俗中，娘

南宫庙祭祀

舅的威望是最高的。如果外甥家里发生纠葛或家庭分户等事情，得由娘舅来解决，娘舅说话一锤定音。

南畚是童濠娘舅所在的村子，南宫庙是这个村子的家庙。正月十四傍晚，前童元宵巡游活动队伍来到南宫庙。娘舅家族人早已摆放好祭品，祭祀他们的祖先，也等待童氏族人和童濠来娘舅家拜岁（即拜年）。相比于童氏大宗祠和塔山庙的祭祀场面，南宫庙的祭祀供品稍有不同，即少了全猪、全羊两样祭品，其他的基本上一样，荤素菜肴及水果糕点等供品摆满长供桌。娘舅家族后人齐聚庙内，恭候外甥童濠到来。童濠的神轿到达南宫庙后，爆竹齐鸣，场面十分热闹。众人将他从神轿里请到南宫庙大殿前。面朝大殿神像，众人行大礼祭拜亲族，接着将濠公像移至大殿偏隅安歇。

街头巷角祭祀

宗祠、塔山庙、南宫庙等地的祭祖都是公众出资的祭祀，而行会队伍所经过的前童大街小巷拐角处或各家门前的祭祀则是塔山童氏族人自家或几家联合准备的祭祀，祭祀的对象是兴修水利的先祖童濠。所以元宵节期间，童氏族人的家庭主妇很是忙碌，既要帮忙准备公众的祭祀采办，又要准备自家的祭祖供品。各家的祭品一般是五荤五素，荤菜里需有一整只鸡，配上水果糕点，讲究的人家，捣了新鲜麻糍，做了状元糕，以示敬重，也有备黄酒或茶水敬祖的。几户人家联合的祭祀，往往在供桌前张贴一张集资人家户主姓名的红纸，以便让经过的濠公知晓他的子孙后代都在祭拜他。濠公轿行进过程中，前面有两人抬着一只大香炉。各家各户将准备给濠公的经忏放在香炉中燃烧，以便让先祖濠公拿走。如果濠公轿能在谁家门前暂留，那是这户人家有幸，先祖恩泽后人，全家人顶礼膜拜。

6. 路线

前童元宵行会作为一种民间民俗文化活动，它的举行及活动内容都与当地的民风民俗有着千丝万缕的关系，就连行会巡游的路线，也与当地的地形地貌和人文精神需求联系在一起。旧时的行会巡游路线是塔山童氏族人根据前童村落的自然状况和家族历史所需而确定的。

无论是旧时的巡游路线，还是后来随村庄格局变化而调整了的线路，"游田头"是巡游过程中不可缺少的一个环节。前童元宵行会的巡游队伍一定会抬着濠公像到属于塔山童氏的田头，察看农田水利设施情况及当年收成情况，这和行会产生的初衷吻合，庆贺、感恩并举。"游田头"也是全国元宵活动中罕见的形式，传统的中国元宵活动一般都在人口聚居地的集镇、村落中开展。

旧时行会巡游路线是：所有参加行会的队伍到塔山庙集中出发。从塔山庙出发，经麻圆庵、东门头、花坛，到大秧田。大秧田是一块空旷的稻田，在春季孵秧苗时，作为秧田使用，平时则是一块空地。在行会的准备过程中，大秧田要搭建一个祭祀棚，当濠公老爷的轿子到达大秧田之后，濠公老爷被请到大宗祠内参加祭祀仪式，其他参加行会的各支队伍在祭祀棚周围等候。待大宗祠内的祭祖结束之后，濠公老爷会到大秧田与总队伍会合，看人们施放铳花。完毕，众人簇拥着，从大秧田出发，把濠公老爷送到村南的娘舅家庙——南宫庙，让濠公老爷在娘舅家庙歇夜，参加巡游的队伍回到前童。第二天午饭后，各巡游队伍在村南的白溪边集中，迎接濠公老爷回前童。行会队伍经由花桥街，到鹿山脚下，濠公老爷上鹿山顶，从镇龙庙下。巡游队伍继续前行，穿过大园外，经后畈，过孝女湖，到下叶，然后从下叶村折回，经马家桥，过陶家，到达栅下的上徐庙。濠公老爷进庙歇息，参加巡游的人员回家吃晚饭。晚饭后，众人点亮各种彩灯,请出濠公老爷,巡游队伍再次出发。从上徐庙回到大秧田看铳花。然后巡游队伍再走花桥街,经过双桥街,至此一年一度的前童元宵行会活动结束。部分人送濠公老爷回塔山庙,其他巡游队伍各自回房族,时间上大约是在凌晨一两点钟光景了。

当代前童元宵行会,沿袭了传统闹元宵活动的时间,仍然是每年正月十四、十五两天。在行会巡游的路线上,由于社会的发展和村落的不断扩大,村落的整体布局已发生了很大的变化。因此行会巡游的路线也与传统的路线不相同,但仍限于古镇范围内。具体的路线如下:正月十四下午,参加行会活动的队伍在十二点前到达原前童小学前的空地上(现已改建为鼓亭馆广场)。下午一时整,施放烟花后,队伍从鼓亭馆广场出发,经过教育路,到天水路,进西门楼,穿过老街,过大宗祠,经花坛,到东门头,再到塔山庙。恭请出濠公老

现今元宵行会线路图

行会队伍游走在老街上

游田头

行会队伍聚集在大秧田头

爷，从塔山庙出发，经塔山路，到镇宁庵，过孝女湖，到下叶村，然后路经前童中学，过北大街，再走花桥街，出牌楼，经鹿山路，往南前行，一直到村南石镜山下的南宫庙。濠公老爷停留在南宫庙，其他队伍返回前童。晚上，巡游队伍在鼓亭馆广场集中，七点开始施放烟花礼炮，然后队伍按原来次序从鼓亭馆广场出发，经过鹿山路，到北大街，再过新街，一直到镇政府门口，第一天的行会巡游活动到此结束。正月十五下午一时整，队伍仍在鼓亭馆广场集中，此时濠公老爷已从南宫庙被接回到鼓亭馆广场和人们会合。施放烟花礼炮后，队伍仍按原有次序从广场出发，经鱼塘头、花坛，到东门头，经过下井头，再过横街，到北大路，然后走石镜山路，到石根头，至栅下上徐庙，濠公老爷在上徐庙歇息，众人返回。到了晚上，队伍再从上徐庙出发，回到镇政府门口，再从北大街开始行进，经车站，一直到前童中学，于孝女湖止。然后濠公神轿直接从孝女湖经塔山东边大道回塔山庙，众队伍从孝女湖返回到镇政府门口。至此，一年一度的前童元宵行会活动全部结束。

7. 巡游

正月十四下午，准备行会游行的各房族队伍全部到鼓亭馆广场上集中（1997年前是到塔山庙集中）。大旗队、龙舞队、狮舞队、鼓亭队、抬阁队、秋千队、乐队、彩船队等队伍按正月初十会议确定的前后顺序排列。下午一时整，爆竹炸响，锣鼓喧天，头牌在前，大旗引导，各队伍紧随其后，浩浩荡荡出发。一路上鼓乐齐鸣，炮声震天，人声鼎沸，整个队伍走街串巷向塔山庙进发。出游场面壮观，整个队伍足有一二里路长。一路上不断有游人加入，队伍的前面望不到队伍的后面。数人手执长竿作为引导，走在鼓亭、抬阁、秋千前面，负责拨开影响行进道路上的树枝、绳索、拉线等障碍物，保证鼓亭、抬阁、秋千顺利通过。在鼓亭、抬阁、秋千的后面，簇拥有锣鼓、唢呐等民间乐队，边行进，边敲打、吹奏，锣鼓咚咚锵锵，唢呐呜呜哇哇，曲调时而悠扬，时而粗犷。

从早上起，从四面八方赶来观看的群众就聚集在前童的大街小巷里，到中午足有十多万人，将行会行进的路巷挤得水泄不通，一些活络的人们或站到人家的楼顶上观看，或跑上鹿山顶观望。大约下午二时许，队伍到了塔山庙，举行请濠公老爷出殿仪式。仪式开始，先是大锣敲三响，大鼓打三通，长号吹三遍，之后，族长发令："恭请濠公老爷出殿！"这时鞭炮齐鸣，锣鼓喧天，场面非常壮观。众人先请出濠公的两匹骏马，再抬请出身穿金色龙袍、头戴一品官帽的濠公老爷坐上官轿。平日里，濠公老爷身穿青衣、头戴秀才帽，端坐在塔山庙殿里。只有正月十四闹元宵，才着官服、以富贵侯王的身份出殿参加行会巡游活动。请濠公老爷是一件十分隆重和神圣的事情，一般人是不能随意动手的，只有族长和有名望的族中长辈才可来请出。众人恭请濠公老爷时，都非常慎重，小心翼翼，唯恐

老人给参加行会活动的小孩化妆

不敬。

　　行会队伍在前引路，濠公老爷打黄罗盖在后压阵。众人一路敲锣打鼓抬着濠公游田头，庆祝农业丰收。两面大龙旗在前面开道，依次排列为六十四面抬锣，绣有金木水火土字样的五方圣旗，随后是各房族的鼓亭、抬阁、秋千及乐队，间或穿插舞龙舞狮船灯等民间艺术队伍。旧时的仪仗队伍还要壮观，除了现在这些大旗之外，还有十八个勇士背着矛、锤、弓、弩、铳、鞭、铜、剑、链、挝、斧、钺、戈、戟、牌、棒、枪、叉等十八件兵器，随后有几支鼓乐队演奏《祝寿曲》《步步高》《将军令》等悠扬动听的民

德高望重的老人将濠公像搬出塔山庙

濠公坐上他的轿子

人们准备抬起濠公轿，参加巡游

行会队伍带领濠公游田头

间乐曲。行会队伍行经杨五庙、马家桥、筑水潭、纱帽山等固定地点，回到文化广场。所有的鼓亭、抬阁、秋千按次序摆放在广场上。早有人迅速地在濠公官轿前搭建祭祀台，奉上供品，大家争先恐后祭拜先祖濠公，感谢他的恩德。

前童元宵行会的整个过程以巡游为主。队伍要在大街或其他空旷的地带里，稍作停留。停留间隙，跟在鼓亭、抬阁、秋千后面的乐队起劲奏响民间音乐，前后杠之间又相互较量，进行"碾后街"表演，众人抬着鼓亭、抬阁、秋千，迈着进三退二的轻松舞步，前后左右摇晃着，如痴如醉。观看人群的喝彩声一阵高过一阵，气氛越发热闹。行会时，每一杠鼓亭、抬阁、秋千都拥有一支乐队，由各房族中喜好音乐的人组成，吹奏《紫竹调》《梅倚阑干》《将军令》《大开门》《小开门》等民间乐曲，将热闹的气氛烘托到最高点。沿路随处有村民无偿供应水果、茶点给游人享用，并分发糖果给小孩吃。茶水里放的红枣和桂圆数目很有讲究，每碗放五颗，意为五子登科，放六颗，即六六大顺，都取吉祥之意。

8. 拜岁

正月十四下午的巡游大部队从鹿山路向南去南岙村，过了白溪上的前门大桥，先祖童濠的娘舅家就在此。按照历来的习俗，当行会队伍一到村口，南岙村民就以阵阵鞭炮迎接"外甥"到来。队伍沿着村南的大路挺进，在村口中心位置，所有人向南岙村鞠躬，连鼓亭、抬阁、秋千也要叩拜。因为和南岙村有割舍不了的裙带关系，包括当时先祖童伯礼建造的请方孝孺教书的童氏私塾石镜精舍都坐落在南岙村，塔山童氏的先祖坟墓也在南岙村口南，塔山童氏对南岙怀有深厚感情。环游南岙村后，队伍行进到达南宫庙祭拜童濠的娘舅，也就是说"童濠"到这里来向娘舅拜岁。塔山童氏族人全部在这里叩拜先祖的娘舅。"童濠"手中提着两提红枣桂圆果包、一双白鲞（用木头雕刻而成，被神明世界所认可），前来南宫庙祭拜娘舅。娘舅家人客气，象征性地收了桂圆和红枣，免收白鲞，将打包的经忏挂在"童濠"的手中，让外甥带回去，并给"童濠"一件红缎子披风，以示娘舅家的客气。宁海当地有这样的习俗，除夕夜，长辈要分给小辈"压岁钿"。但有些小辈在除夕夜没分到压岁钿。于是正月里到长辈处拜岁时，长辈会给压岁钿。童濠虽是神明，但在娘舅面前是小辈，人们认为娘舅家应当给他压岁钿，于是就将经忏赠送给他了。在当

娘舅家后人的回礼

地, 亲戚之间正月里相互走动拜访叫拜岁, 一般提上红糖、红枣等果品作为礼物, 最客气的是带上一双黄鱼白鲞。白鲞其实就是鲜鱼经腌制晒后的鱼干, 一般以米鱼和黄鱼为原材料。所以童濠到娘舅家去, 这礼物提得很是客气了。南岙村人作为亲戚, 煮了桂圆红枣茶热情招待客人, 留外甥在娘舅家过夜。第二天中午众人再去请回来。稍微歇息后, 队伍全都回前童的鼓亭馆广场暂停, 等待晚上的闹元宵灯会活动。

9. 灯会

游行队伍先在广场看放烟花。晚上八点左右, 待月亮从村东升起, 村内顿时响起施放烟花的声音。烟花璀璨绽放, 引来了人们一阵阵赞美声, 闹元宵的气氛更加浓烈。原先施放的是铳花, 因为制作和施放铳花危险系数大, 后人就与时俱进, 改成了现在的烟花。烟花表演结束后, 行会队伍沿着既定路线游行, 有所不同的是, 行会队伍增加了许多大灯笼。每一房鼓亭、抬阁、秋千前就有一盏灯笼前引, 一路灯火辉煌。鼓亭、抬阁、秋千上也挂满大小不一、各种形状的红灯笼。站在鹿山的高处看游行队伍, 就像一条火龙穿梭在村巷中, 煞是好看。此时, 家家户户也张灯结彩, 人们还做成各色各样的彩灯, 如八仙灯、财神灯、马灯、毛兔灯等, 十来岁的小孩们提着彩灯, 跟着行会队伍游走, 非常有趣。整个前童沉浸在酣热的闹元宵氛围中, 直至晚上十二点, 才渐渐歇息。

犹如火龙的行会队伍

各色彩灯

正月十五下午，众人又到南宫庙迎接濠公老爷，以同样的规模和形式穿过田畈及街巷，晚上众人一起观看烟花后再送濠公回塔山庙。行会巡游结束后，人们将鼓亭、抬阁、秋千全部归置到2010年新建成的坐落在原前童小学地址上的鼓亭馆内。该馆对外开放，平时供游客参观。铜锣担存放到大宗祠里，乐器等随身带回，并拆除街头巷角的祭祀棚。一年一度的前童元宵行会宣告结束。

[贰]丰富多彩的民间艺术

在前童元宵行会活动中，各房族都把自己房族中最精彩、最美、最能体现自己特色的民间艺术样式拿出来进行展示，既丰富了行会活动的内容，又增加了娱乐趣味。元宵行会既孕育了一系列的表演艺术，同时也在工艺美术方面大有作为。鼓亭、抬阁、秋千是前童行会的主角，凝结各房派族人对行会活动所倾注的心血和情感。鼓亭、抬阁、秋千的制作往往独具匠心，各房派争奇斗艳，精品层出不穷，但有一个共同的特点：这些器具一律朱金木雕，彰显房族本色。

从元宵行会民间艺术的形式特征来看，前童元宵行会是由众多体现塔山童氏宗族文化和地域文化特色的民间艺术组成的一个民间群体文化盛会。鼓亭、抬阁、秋千是前童元宵行会的亮点。

1. 鼓亭

鼓亭是置放大鼓的架子。前童的鼓亭别有风韵，独具特色。首先，

鼓亭前端的升斗旗杆

鼓亭雕工精湛

鼓亭上雕刻的人物

前童鼓亭的外观与众不同，特别高大，一般高达五至七米，形似一座翘檐的宝塔，层层相叠，有三层、五层、七层，甚至九层。底下的那层最为宽阔，背面开敞，置放大鼓，也便于打鼓者紧跟鼓亭移动边走边敲打。向上按比例逐层缩小，至最高处形成塔尖状。一般塔尖顶上放置彩球、灯笼或鲜花。其立面形式有四面状的、六面状的、八面状的。每层都设有飞檐和翘角。每层亭台的立面都饰有木雕花板。花板上雕刻的是各种传统故事、历史人物、花鸟虫草等。雕工精湛，形象逼真，栩栩如生。在每层立面的花板窗口处，都装饰有寄寓人们美好心愿的"福""禄""寿""喜"等大幅字样。每层翘角上都挂有红红的

朱金木雕的鼓亭基座

鼓亭上的朱金木雕

鼓亭上的人物雕像

鼓亭上的朱金木雕人物

鼓亭上的彩画

鼓亭上的朱金木雕图案

鼓亭上的沿屏

小灯笼,给人以喜庆、热烈、祥和之感。

2. 抬阁

抬阁以木柜直插两根特制铁杖,顶端分别固定座椅,是一个活动的小舞台,高约三米,宽约二米,也是单数成层,下部做成船形,两旁用车轮运转,周身雕龙刻凤画狮子。在船形的上层平面木柜上,分有前后、高低二层座椅,前面一层稍低,后面一层较高。每杠抬阁由三五个男孩装扮成戏曲人物,或男或女,有小将岳云、穆桂英等,在台上或坐或立。他们不是表演节目,每一杠都演绎一个历史故事。每个抬阁由某一童氏房族派出,代表着该房族。

3. 秋千

秋千形状和鼓亭基本相似。因造型有些像风车,前童的秋千又名曰"风车秋千",又叫"转转秋"。建造成船状木柜形,高约二米,宽约一米,两头各设木柱,柱头凹置"十"字横轴,两轴端各装置铁环,轴中系以绳,设坐板,成四架小秋千,四名装扮成戏曲人物的儿童坐在其中。当秋千在巡游中时,一人在旁边拨动安装在秋千底部二层空间里的十字转轴,秋千转动起来,古装扮演的小孩儿顺着惯性一蹭一跳上下翻动,秋千也就随之上下翻动。随着转盘的滚动,人物上下翻滚,交替出现。

旧时,鼓亭、抬阁、秋千等一般要由八个身强力壮的男性扛抬,由五十至八十个人负责接力运转,现在则改为在鼓亭、抬阁、秋千底部装上轮胎,推着前进,节省体力。

参加鼓亭、抬阁、秋千活动的儿童须经过本房族人选拔,小孩的年龄、相貌、体重都要过关。各房族的人们都以自家小孩能上抬阁、秋千而自豪,他们纷纷争取。人多的情况下,再通过抓阄的方式来决定,抽中的方可参加。这些小孩参加活动后会得到本房族分给的压岁钱。

前童的十八房鼓亭、抬阁和秋千都有各自的名称和内涵,有的以当地的名人命名,也有的以典故命名,以亭命名,以亭示文,共同

各种沿屏

表达了童氏族人对先人、名人或典型事件的一种历史记忆和追寻，传承宗族文化，增强宗族凝聚力，其崇尚的忠孝礼义、儒家耕读思想体现其中，寓意深刻。

公忠亭，俗称"头牌"。为敦一孝一悌五秉二前屋派房族后裔所有，是塔山童氏房族的最大骄傲，为纪念该房族先人的光荣历史和业绩而制的鼓亭。公忠亭总高度18.6鲁班尺[1]，基座宽4.6鲁班尺、长3.1鲁班尺。取名源于明天启年间，后金攻陷辽沈一带，时任北京军前卫经历（即参军）的前童人童应斗押解十万饷银至辽宁救急。当他将军饷押解到目的地的时候，那里的营地已经失守，守军也一个不剩。有同来的差官劝童应斗趁此机会将军饷私分，被童应斗严词拒绝，并下令将军饷押解回北京，一分不少上缴复命。天启皇

公忠亭

[1]　鲁班尺：1米=3.6鲁班尺

帝赐予"公忠"二字表彰。童应斗的弟弟任江西地方官时，惠政于民。兄弟二人并称为"前童二难"，褒指二位是难得的人才。前童后人以"公忠"命名鼓亭，该亭始终走在元宵行会最前列，榜样力量贵在无穷。该亭呈宝塔形，底座以浅浮雕花板呈四方形围就，便于置放大鼓。上面四层亭阁皆以刀工精细的朱金木雕双重栏杆、沿屏围成四面方形或圆腰花瓶式小窗，飞檐翘角上饰有金光闪闪的龙头，突出美感。鼓亭头顶两条锦鲤鱼，口衔日月，寓意"日月生辉"，日月无私照，大公无私。

在前童元宵行会中，鼓亭队伍必然将公忠亭作为前童所有鼓亭中的第一杠而排在最前面，这是祖律。这其中有它历史传承的原因，即公忠亭所蕴含的声誉分量。在塔山童氏家族近八百年的历史进程中，拥有朝廷旌表的圣旨有十一道，其中明代的圣旨有四道，清代的圣旨六道，民国的嘉奖令一道，而公忠亭所属房族就占了六道。享有朝廷和政府最高荣誉最多的房族，自然成了童氏家族中的权威者。公忠亭代表着这一房族，显示了该房族的荣耀，更是显示了整个塔山童氏家族的荣耀。所以将公忠亭放在第一的位置，为塔山童氏族人所公认。其他鼓亭、抬阁则按照每年抓阄的方式决定先后次序。

继乐亭，纪念明正德年间的水利功臣童濠。童濠为敦一孝一悌四里外份派十二世祖。此亭总高度18鲁班尺，基座宽3.4鲁班尺、长6.8鲁班尺。该亭的基座以两头微翘的船形上置一亭阁，共七层。此亭木雕繁缛，深浅浮雕并用。基座祥云腾龙，缀以花鸟、狮子灯。支撑每一层亭阁的木柱上以游龙抱身，亭阁突出台面，福禄寿三星拱照。飞檐翘角也以栩栩如生的龙头装饰，顶部四条倒挂龙嬉戏一颗明珠。鼓亭基座墨绿色为底，黄金覆面，间或点缀朱红，其余层次亭阁皆是漆朱妆金。亭以童濠的字号"继乐"命名，

继乐亭

感谢童濠率领族众在杨柳洪溪潭下开凿巨硼以引洪流灌溉田地的功绩。

　　德操亭，为清光绪年间制作，纪念童士宝之兄。为敦一孝二悌二的隔祥里所有，年代较久远。此亭总高度16.1鲁班尺，基座宽2.8

鲁班尺、长6.2鲁班尺。该亭从基座、亭阁加上顶部，共七层，以船形构造。亭阁骨架众多但细小，花窗椭圆形或方框形，飞檐翘角处仍置以昂首龙头。整座鼓亭朱漆为底，雕花栏杆，花窗处贴金。元末明初，朱元璋下令："凡与叛首方国珍勾结的朋党，全部点名充军边关，到死都不得返乡。"童士宝受方国珍的牵累，在劫难逃。童士宝的弟弟不忍心嫂子将守活寡，两个嗷嗷待哺的侄

德操亭

儿失去父亲，愿意以自己代替哥哥充军边关，后来他病死在边关戍所。前童人被他的德操感动，置德操亭纪念。

喧天亭，为"德操亭"之同一房族所制作。其长度和宽度与德操亭一样，高度达17.6鲁班尺。喧天亭所属的敦一孝二悌二房族是塔山

喧天亭

童氏宗族里辈分最大的房族。该亭以"喧天"命名，以示本房族显赫之地位。亭高七层，逐层缩小，一色朱金彩妆。各层立面以雕花边拼镶成窗框造型，可通透观之。层递之间飞檐翘角，流光溢彩。船形基座扎实沉稳，三面饰以粗犷的镂空木雕，朱红底色上嵌浅彩，突出孩童嬉戏场面。二至四层前后又挑出亭台，结构更为复杂。各层亭台中间站立全妆金的古代将相人物。顶端站立了手持大刀的关羽，威武霸气。

尺木亭，为敦一孝一悌五秉四上堂屋派房族所有，和追远亭同属一房族。此鼓亭总高度为16.6鲁班尺，宽3.4鲁班尺，长7.1鲁班尺。

船形基座以金毛狮子和
祥云波涛呈现，威武吉
祥。上面建筑有五层六面
的宝塔形楼阁，该房族出
过功名者，所以前面竖一
对升斗旗杆，后面又矗立
高大的牌楼。一色朱金木
雕，飞檐翘角。六面窗棂
围成圆形或芭蕉扇形，嵌
以反映耕读文化题材的
水粉画，体现出本房族的
思想宗旨。上堂屋房族有
书院"尺木草堂"，齐周
华有记："龙之额有骨，曰

尺木亭

'尺木'。居宅之左，凡二透，其前为厅，而后为楼。厅可以作讲堂，
而楼可以望远而豁幽思也。左右厢房，前后在花卉鱼鸟，声可听而道
可观也。每延塾师，率子侄讲习其中。勉励子孙后代刻苦读书，成龙
成凤"。

著存亭，此鼓亭总高度为13鲁班尺，宽3.4鲁班尺，长6.4鲁班
尺。源于塔山童氏童伯礼后代所建的著存祠，也是下叶祠堂堂号

著存亭

一门亭

名。取名"著存",是以"致悫则著,致爱则存"之意。教导后人要遵守礼教之道德品节,端正行为,长存诚实、谨慎之心。

　　一门亭,原为栅下派房族的秋千,此亭总高度15.3鲁班尺,长7.6鲁班尺,宽3.5鲁班尺。八百多年前,许宝公迁居附近的栅下上角村,后代子孙科举显达,荣归故里,敕赐于村口修建一两脚闾门,以光宗耀祖,引来汪姓、童姓、陈姓、徐姓、娄姓等人群聚。异姓同居一处,唯恐有争执,于是提出村人和睦共处的原则:"进了两脚门,都是家里人"。提倡"一门进出都是家里人",远亲不如近邻,近邻胜过远亲。

爱日阁，为塔山童氏敦一孝二悌八房族所制。取名源于爱日堂，爱日堂原是祭祀悌八铜钱派祖石镜公，有木梆铭其序曰："爱日书院，楹悬木梆，晨夜戛击，以节起居……厥象维鱼，厥声维角；骤之驰之，心惊胆愕；可以订愚顽，可以起荒落；可以追周孔，而力坟索……枕木圆而自惊，股未刺而早作；庶几业成而百世兴起，言立而胸襟开拓。"从中分析，爱日堂不只是"妥神灵"的地方，也是一所书院。楹悬木梆，指的是爱日书院内的楹梁上悬挂着木梆，警示学生不要贪图安逸而荒废学业，应以悬梁刺股的精神去奋斗。

书院阁，为塔山童氏敦一孝一悌五秉二忠二贞一书院派后裔所制，高14.8鲁班尺，宽3.7鲁班尺，长4.3鲁班尺。"书院阁"也是一座抬

爱日阁

阁，雕饰稍简单些，中间层以回形拷头栏杆，层高相对其他抬阁明显更大，因为层内或站或坐有古装戏曲人物的小孩，顶部柱栏上端还端坐两个戏曲人物的小孩。它为纪念明洪武十三年（1380），童伯礼在前童村南石镜山脚下创办第一处家族子弟教育场所——石镜精舍，"聚六经群书数百卷"，并聘请明儒方孝孺来讲学。精舍是古时的书斋、学舍，是集生徒讲学之所。

书院阁

魁元亭，为敦一孝一悌五秉二忠一的后屋派房族所有，纪念前童第一个举人童培。此鼓亭总高度15.9鲁班尺，基座宽3.4鲁班尺、长6.5鲁班尺。基座船形，以厚木镂空雕刻图案，基座上六层楼阁，逐层递缩。因为该房族出过功名者，所以前端对竖两根升斗旗杆，又后竖牌楼，一色朱金漆着色。

魁元亭　　　　　　　　忠义亭

　　忠义亭，为塔山童氏敦一悌三祠堂后派房族所有。此鼓亭总高度17.1鲁班尺，宽4.2鲁班尺，长7.9鲁班尺，为四层高鼓亭。雕刻精细，各层内中有诸多立体雕刻的人物，每一框画面演绎一个历史故事。飞檐挑梁构成宝塔形状，并有前后牌楼装饰，一色朱金纪念该房族先人雍睦公。他是方孝孺的弟子，追随方孝孺游学到金陵。后方孝孺罹难，雍睦公趁夜冒死收拾恩师遗骸，因泪干而泣血，忠义之举感天动地，其后人制作此亭以纪念。

　　追远亭，为塔山童氏敦一孝一悌五秉四之上堂屋派房族所有，是现今保存的鼓亭中最古老的一杠，前竖一对双星斗旗杆，清嘉庆年间制作。此鼓亭总高度14.1鲁班尺，宽3.1鲁班尺，长6.1鲁班尺。基座麒麟造型，背上是五层楼阁，与其他鼓亭有不同之处，就是基座上方的楼阁是六角形，每层均是龙头发角，前有牌楼。花窗呈圆形、椭圆形，或扇形，图案精美，雕工精细。塔山童氏族谱载："塔山童中岳将建祠于鹿山之侧，以奉其本宗，名之曰'追远'。中岳始祖颛孙公暨敦孝悌

追远亭

诸行派祖，已附享于大宗。后人缅怀先人，亭以追远名。"

　　将军亭，为塔山童氏敦二孝五悌九秉一柏树下房族新制，纪念童保喧。此鼓亭总高度17.2鲁班尺，宽3.4鲁班尺，长7鲁班尺。童保喧，塔山童氏第二十五世孙，辛亥革命时任浙江临时都督，举兵起义，大功告成即奉身告退，后谦受护国军军长，率部讨袁。族人后裔制作鼓亭以纪念他，命名此亭为"将军亭"。基座如意船形，前后是喜鹊、狮子等吉祥图案，两侧是双凤展翅祥云图案，七层高。一色朱

将军亭

花桥亭

金漆木雕，间或上彩，缤纷多彩。楼阁间突出挑台，木雕人物站立，展现一幅幅历史画面。

花桥亭，为塔山童氏敦二孝五悌九秉二花桥派房族为本族先祖所制。该房族先祖遗训里，强调"祭之丰，不如养之薄""兄弟宜和则家道兴""远匪类，交近正人"。童氏"花桥"一脉遵守遗训，继先人之德，扬祖先之风。此亭总高度16.5鲁班尺，宽7.2鲁班尺，长3.3鲁班尺。该鼓亭基座左右两侧以飞龙祥云造型，楼阁六层，层次间距不一，底层最高，第二层略低，三、四层又稍高，上面两层依次递减。楼阁雕刻繁缛，瓦楞飞檐，龙头发角，金龙盘柱。主体之外有围廊，前后依附有牌楼，看上去有幢幢堆叠的效果。牌楼共四层，层高亦不同，从下往上依次递减，底下的那层围廊上倚立"福""禄""寿"三星。整座鼓亭楼阁各块面的雕刻繁复，花窗内镶嵌水粉画，既有传统娶亲花轿的精美，又具有鼓亭的特点。

积庆亭，塔山童氏敦二孝八悌十九秉二栅下派房族所制，此亭总高度15.2鲁班尺，宽4.1鲁班尺，长6.8鲁班尺。也是六角造型，龙头发角。边角稍窄，左右面稍宽。基座以双狮图构成船形，上立五层楼阁。前有缠龙木柱。朱漆基础上贴金部位较多，看上去金碧辉煌。

前楼亭，为塔山童氏敦二孝五悌九秉三前楼派纪念本房族先祖清廉为官、乐善好施之口碑所制。基座为祥云飞龙造

积庆亭

前楼亭

型，龙背上搁置一座七层楼阁。飞龙高昂头部，力甩龙尾，一色金黄周身天青色祥云缭绕，一派威猛气势。从下往上第二、三层的花窗上雕刻着"前楼"二字，以此命名。各层楼阁以墨绿色的木瓦楞构成飞檐，龙头发角。楼阁主体四面都有木柱支撑的围廊。顶部许多木楞制成一圆球，前有两条贴金倒挂龙从顶部游向第三层飞檐处。整座鼓亭无论设计构思，还是雕刻制作，都别具一格，堪称朱金漆木雕的佳作。

永言亭，为塔山童氏敦一孝一悌八房族所有，造型为秋千，取名源于永言祠。祠曰"永言"者，取诗下赋"永言孝思"之意，以人为本，亭中积德，亭外济世。秋千总高度16.2鲁班尺，宽3.4鲁班尺，长7.5鲁班尺。亭高五层，底座船舱中空，上面四层均以朱漆木雕的楼阁形式装饰。亭前后各竖立一牌楼，不仅有楼阁繁缛的效果，更是呈现出亭台楼阁的层次感。亭的四、五层略窄，二、三层较为宽敞，中间装置一个灵活转动的秋千架，可容四人坐于架端，拨动轴轮，秋千架转动，人物或上或下。一般都是该房族优选的小男孩装扮成戏曲人物坐在秋千架上，上下翻动，颇具可看性。

永言亭

濠公轿是元宵行会时濠公老爷乘坐的轿子。这是新做的轿子，高约3米，1.2米见方，三层。轿身与一般的轿子相同，前面开轿门，左右和后背均是圆形花窗，人们可以从四面看到濠公像。轿的顶部装饰挑檐式宫殿样式。濠公轿亦是朱漆妆金，轿厢、花窗、屏沿雕刻精美，上有"和合二仙""麻姑献寿""麒麟送子"等吉祥图案。

濠公轿

在塔山童氏族人心目中，童濠不仅仅是他们的祖先，更是他们心目中的神灵。濠公出巡，一切按帝王出巡的规格，威严气派。在前童人的心里，抬濠公轿是一件十分庄重而光荣的任务，不是随便什么人都能担任的。抬濠公轿的人必须是塔山童氏的族人，并通过严格的挑选，经过专门的训练，具有熟练的抬扛技术、又懂得门道的年轻力壮者才能担此重任。前童行会中专门有一个抬濠公轿的组织，每个被挑选出来的人员每年要上缴会费，方可成为会员。单是成了会员也不一定能抬上濠公轿，还要再经过挑选。因此，每个会员还要积极主动地去争取。他们认为，给濠公老爷抬轿子，既是自己的荣耀、房族的荣耀，也能深得濠公老爷的佑护，增加房族、家人和自己的洪福。所以，假如轮不到自己，这对具有强烈宗族意识的童氏子孙来说，会是一种莫大的损失和遗憾。

4. 大龙旗

大龙旗是前童元宵行会中走在最前面的标志性旗帜，具有开道、引领的作用。前童元宵行会的大龙旗有两面。龙旗旗面

大龙旗

为白色，旗面高三米，宽五米，呈三角形状。龙旗的斜面边沿上，镶饰三角齿形花边，一面上绣黄龙，另一面绣金龙。龙身呈曲形飞腾状，生机勃勃，遒劲有力。两面大龙旗由两名年轻力壮的旗手高擎着走在行会队伍的最前面，昭示着童氏宗族的兴旺发达。

5. 抬锣

抬锣是前童元宵行会活动中的又一大特色。在行会中，童氏族

小巷里敲铜锣

人的敲铜锣是以挑锣担锣的形式出现的，很是独特。抬锣，在前童元宵行会活动中是以民间艺术的形式出现的。参加行会活动的抬锣有大小之分，大抬锣的外圆直径为120厘米，小抬锣的外圆直径为80厘米。旧时参与行会活动的抬锣有六十四面，号称"百面抬锣"。前童行会中的抬锣由各房族出资置办，统一存放在大宗祠内。旧时抬锣的出派是以田为基础的。以每一结田（一结田为三百石）出抬锣一对。前童村历史上有田三十二结，故抬锣有三十二对六十四面。时至今日，以田为基础出锣的做法已不符合客观实际。现在的出锣方法已作改变，以前童自然村的大小来决定，大的村落出七对，小的村落出六对。但抬锣的总数量保持不变，仍是三十二对。童氏族人踊跃参加抬锣活动。一面抬锣，由两个人用杠杆抬着，后面一人还兼有敲锣的任务。十四日、十五日的行会巡游活动中，这么多面抬锣整齐敲响，声若万马奔腾，气势磅礴，将这一民俗活动一次次推向高潮。

6. 十八般兵器

十八般兵器是十八件各种式样的武器——刀、枪、棍、戟、锤等，均以镴和铜浇铸，雕刻着龙、凤、狮、麒麟等瑞兽的精美图案。每件兵器的名称均有一定象征意义，且成对、成套，并配有相应的

十八般兵器

木支架。设摆时，对称排列，整齐有序，神气壮观。在宁海各种传统的节庆、年会、迎神赛会、庙会中，十八般兵器作为一种仪仗操舞蹈元素，出现在巡游队伍中，演绎了宁海民间一种纯粹的民俗游艺活动。把持兵器的队员全部是男性青壮年，以显示威武雄壮。人们常以此来庆丰收、贺新年及演出，保吉避凶，祈求丰收。

7. 船灯舞

船灯舞是流传于宁海乡间的传统民间舞蹈。当地正月十四闹元宵离不开船灯舞表演。船灯舞以双船四人组合表演的形式进行。表

船灯舞

演采用双船（称"龙凤船"），每船各有两名表演者，分别饰小生和艄公及小旦和船娘。舞动时一般不唱，表演者依乐队的锣鼓点子变化而变换步伐，富有激情，节奏明快；歌唱时一般只摆动船灯在原地踏步。常见的驶法有"穿八字""驶四角""龙吃水""大转圆"和"倒踢靴"等。唱的多为平调戏的《偷诗赶船》《三娘教子》片段，讲求教化意义，重视表演的整体性和情节性。

船灯一般是由竹片扎成长约2米、宽80厘米的长圆形船架子，在架子的中部再扎上高约90厘米的亭阁。亭阁四面开窗，供人观赏角色的表情。船架子以黑色或青色的土布蒙成船的模样，画上海浪的图案，以遮住表演者的腿脚。用锡箔或彩纸装饰船中部的亭阁，在亭阁的四个飞檐上挂上灯笼，美轮美奂。表演者用绸布条将船系在身上，以双手拎起船舷边，走平稳快速的碎步，似水中行舟状。船灯舞反映了农民们浓厚的生活情趣，有浓郁的民族传统和乡土气息。

8.龙舞、狮舞

龙和狮是我们中华民族的图腾。龙舞、狮舞是我国传统的民间舞蹈。龙在百姓心目中是掌管雨水的神。宁海山区多深潭，百姓视深潭为龙的藏身之所，谓龙潭。夏季干旱时，田苗干涸，人们常举行"取水"活动，祈求神龙降水。前童元宵行会的初衷是感谢童濠开渠凿砩，引水灌溉农田，与水有关联，民俗活动中当以舞龙来庆祝。狮舞的表演在宁海乡间也十分普遍，宁海有"狮舞之乡"的美称，常

龙舞

以之敬祖迎神。前童元宵行会中有"送铳花筒"的习俗，表演的"麒麟送子"寄寓祝福，蕴含着美好的寓意。元宵行会中众多的民间艺术汇聚在一起，充分表达了塔山童氏族人的感恩之情，也表现了他们积极乐观的生活态度。

9. 彩灯

每逢元宵节将要到来，宁海各地都要制作各种各样的彩灯，有十二生肖造型的，如毛兔灯、龙灯等，也有吉祥人物造型的，如财神灯、八仙灯等，各有情趣，颇受小孩喜爱，都寄托了美好的意愿。

十四夜，众人走出家门，上街游玩闹元宵，小孩儿们就提着彩灯跟随。

[叁]其他民俗事象

1. 包裹粳米汤包

节日食品，是前童元宵行会的又一亮点。民以食为天，前童人民十分重视节日的饮食制作技艺。元宵佳节祀神祭祖是一个悠久的传统，人们以神灵的名义精心制作各种点心佳肴，既寄托了他们与神灵、祖先沟通的虔诚心情，又最终满足了品尝美食、改善生活的夙愿，何乐而不为？年节又是一年中最冷的季节，为各种食品的制作与保存提供了天然条件。凡此种种，终于形成一种传统饮食——粳米汤包。

正月十四这一天，宁海城里乡下不但举行丰富多彩的闹元宵活动，而且饮食也别具特色。宁海流传着这样一句俗语："要吃，十四夜；要困，冬至夜。"前句话言及正月十四夜是最有的吃的，家庭主妇在那天又要忙碌一番。东路长街一带吃团，北路及城里吃汤包，而西部及南部地区则更加丰富，汤包、米筒、羹，任人撑破肚皮。汤包是宁海特色小吃，将和匀的小麦面团擀成很薄的面皮，切成10厘米左右的正方形状，铺上精肉、香干等炒制的馅料，包裹成型，或下汤稍煮或蒸熟吃，绝对乃一地方美味小吃。蒸熟的汤包皮薄半透明，内中馅料隐约可见，让人一看就眼馋。

在传统社会里，节日小吃只在规定的节日里才能吃得到，这似乎已约定俗成。前童地方上十四日吃晚米汤包，即粳米汤包。面皮原材料选用粳米磨粉而成。其制作过程难度高，一般家庭妇女很难掌握这一技巧。以温水拌和粳米粉，水和粳米粉的比例适量适中，全凭自己的经验掌握。和面过程中，始终控制面粉的温度。和好的面成团，放在暖锅里。择取一团擀成面皮，切成正方形的面皮后，迅速放上馅料，包裹成型，一个个码放在箅子上，用帆布盖上，以防面皮开裂。待锅里水烧开，搁置好箅子，隔水蒸熟，即可食用。平常日子里，宁海地方上农家也常做麦粉汤包吃，粳米汤包因为其有一定的制作难度，所以在元宵节里才可吃得到。

2. 童氏出嫁女儿回娘家

宁海传统上，春节里，出嫁的女儿都要在正月初二携丈夫、子女提着礼物回娘家拜年，俗称"拜岁"。然而在前童，出嫁的女儿不在正月头几天回娘家，倒是在十四日那天回娘家拜年。那一天，不管路途多远，家里多忙，都要按时赶回前童，全家大小一起来参加元宵行会活动，且是约定俗成的传统，娘家人并不将此视作是女儿失礼。由此也可推算十四夜闹元宵的人数之多。

3. 制作铳花筒和施放铳花

放铳花是前童元宵行会活动中一个很有传奇色彩的民间传统活动。前童元宵行会中的铳花是塔山童氏族人自己制作的。铳花长约一尺，外形是用茶杯口般粗的毛竹筒做的，竹筒内装他们自己制

作的用土纸包装的火药、硝磺，竹筒上端用红纸封口，整个形状类
似于我们今天燃放的爆竹。二十世纪三十年代，前童还有两个人会
做铳花筒、放铳花，如今就没人会做会放了，取而代之的是放烟花。
因为传统做铳花有一定的难度。前童人有传授规矩，这种技术只能
在家族中单传，不外传。做铳花筒的材料主要是火药、生铁、木炭及
硬纸板，生铁和木炭都要捣碎成粉末，效果才好。习俗规定做铳花
筒的人在工作前三天内不能行房事，保净洁、吉利。前童的铳花筒有

走线、风旋、流星、铳花四种形
式。走线，是铳花施放后，似一
条线一样出去，然后沿原路返
回来；风旋是铳花施放后似旋
风一样旋转而上；流星，是铳
花施放升上天空后呈流星状；
第四种铳花即是一般人们见
到的那种铳花，类似现在的礼
花。各种不同的铳花施放后，
呈现出各自独具特色的形状，
五彩缤纷，流光溢彩，起风闹
猛。行会活动年年举行，铳花
年年施放。放铳花的青壮年也

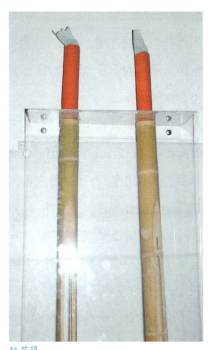

铳花筒

是经过各房派严格挑选出来的。考虑到施放铳花有一定的危险性，候选的青壮年必须是父母双全、兄弟多、头脑活络者，在清净状态下才可施放。放铳花有既定的程序：先是三连铳，即连着放三次铳花，过后是放走线，即在一根铁丝上来回发火，再是风旋、流星等，后继续放铳花。按照传统，正月十四夜共放十八筒，十五夜放二十四筒。据老人回忆，当年的场面相当壮观。各种不同的铳花施放后，都呈现出不同的形状，各具风采。那场景是漫天火花、五彩缤纷、流光溢彩，场面顿时劲爆，气氛闹猛。在前童元宵行会中，铳花还起着指挥和启动的作用。当元宵行会巡游活动正式开始时，要以施放铳花作为开始的信号。当巡游队伍到达塔山庙迎接濠公老爷上轿时，也要施放铳花。

放铳花有其特定的原因。据《宁海塔山童氏谱志》载，在前童村南面有一座石镜山，"石镜山位当离午，其光烁烁，嫌朱明太艳，乃于春王正月中旬夜，亦责令值结者，备硝磺花炮，再令各灶各出纸灯，杂以金鼓迎迓镜神"。前童村南面的石镜山，在山间的斜坡上有一大片巨大的山崖陡壁，石镜寒泉常年流淌。每到冬季，崖壁上结冰，形若镜子，此山由此得名。崖壁上的冰层经太阳一照，就反射出光芒来，此光正好落在前童村庄，犹如村庄又多了一个太阳照射。

民间信仰以为这样，村庄内的火势就会更加旺盛，容易引发火灾。后来村庄也确实发生过多次火灾。人们相信这种民间说法是正确的，认为只有以更大的火来压制，才能解脱灾难。于是他们研制出铳花，以硝磺、火药等做成，以火压火，以克灾难。因为正月期间天气寒冷，于是童氏族人选择正月十四、十五元宵行会活动时施放铳花，既敲响防火的警钟，又增添闹元宵的热闹气氛，一举两得。其实放铳花还表达了童氏族人的一种心灵寄托。元宵，月圆之际，铳花是一种"花"，花好月圆，家家户户大团圆。

4. 送铳花筒习俗

前童元宵行会原先还有舞狮闹房、送铳花筒的习俗。当地习俗，凡是结婚多年未有子嗣的人家都希望前童人送上铳花筒，讨取吉利，能生出小孩。该户人家事先与送铳花筒的人说定需要送铳花到他家。元宵行会结束后，身着武士服装的年轻男子，手捏铁叉，在先头引路，四个提灯笼的相士与八个手拿棍棒的勇士随同，率领一对舞狮子，沿着大路，闯闾门、踏道地，进房后，将铳花筒放在人家新房的被窝里，绕走房内一圈，出门后在道地上舞狮弄武，喝令高唱，称贺祝福："麒麟送子，早生贵子；婚姻美满，子孙满堂"。如果该家媳妇在当年生下小孩了，就要备厚礼来感谢送铳花筒人。童氏族人不仅仅在前童本村送铳花筒，如果周边其他姓氏的人家有需要，他们也同样满足他人之需。这个习俗保留到中华人民共和国成立前后。前童元宵行会省级代表性传承人童全灿回忆说，他参加的印象深刻的两次送铳花筒，一次是送到附近乡镇的一个村子，当年那户

上演灯头戏

人家新媳妇生了儿子，捣了麻糍备厚礼来前童感谢，还有一次是送给前童本村的一户人家，也生了个儿子。所以人们很是敬重送铳花筒的习俗活动。

5. 观演灯头戏

清光绪《宁海县志》载："元宵燔桑柴，谓之煏址界。市庙里社结彩张灯，演剧敬神至二十日乃止。城中十四起，乡间十三起。"看戏，又是元宵行会活动中的一件大事，前童大宗祠的戏台上往往要上演灯头戏，认真而热闹。戏曲剧种有宁海地方戏——宁海平调、山坑调、乱弹，还有越剧、京剧等，不一而足，都是彩头戏。第一个晚上还要加演"八仙庆寿戏"，送福禄寿给童氏先祖和观众，讨个头彩。看戏的场合里，大家还举行猜灯谜游戏，增添节日的喜庆气氛。

三、前童元宵行会的特色和价值

前童元宵行会是宁海前童塔山童氏族人每年元宵节期间举行的迎神祭祖、欢庆佳节的传统民俗活动。村民以行会为载体，充分表达他们对祖先的感恩和敬畏，并对周围村落产生巨大影响。前童元宵行会是浙东地区有影响力的大型节庆民俗盛会，有重要的历史学、民俗学、艺术学价值。同时，对于增强社区凝聚力亦有重要的现实意义。

三、前童元宵行会的特色和价值

　　前童元宵行会是宁海前童塔山童氏族人每年元宵节期间举行的迎神祭祖、欢庆佳节的传统民俗活动。鼓亭、抬阁、秋千巡游是活动的主要表现形式，民间习称"行会"。行会宗旨是纪念祖先童濠带领族人开渠凿碶、灌溉农田的功德，聚民心修水利，祈愿年景丰收。村民以行会为载体，充分表达他们对祖先的感恩和敬畏，并对周围村落产生巨大影响。前童元宵行会是浙东地区有影响力的大型节庆民俗盛会，有重要的历史学、民俗学、艺术学价值。同时，对于增强社区凝聚力亦有重要的现实意义。

[壹]前童元宵行会的特色

1. 前童元宵行会历史悠久

　　明正德四年（1509），前童童氏祖先童濠（1472—1543）发挥机智，通融豪门，获取田地，发动全村男女老少开渠凿碶，自白溪引水灌田，农业获得大丰收。童氏族人为纪念童濠兴修水利的功德和庆祝丰收年景，决定每年正月十四闹元宵时举行行会活动，从此流传。如今童濠领导修筑的碶坝仍然发挥着巨大的作用，不仅满足了前童古镇人们的生活用水，还灌溉着前童人赖以生存的千亩农田。塔山童氏族人一直享受着童濠的恩泽，也念念不忘先祖的功德，以年年举行盛大的元宵行会敬祖、感恩，且代代相传，也就逐渐成了一种固定的模式。

随着前童元宵行会活动的持续举行，隆重的活动场面一年胜过一年。据《塔山童氏谱志》载，明末清初时期，前童元宵行会最为鼎盛。单鼓亭、抬阁有五十多件，人们修建了纪念濠公的塔山庙，栅下、下叶等附近村庄也加入活动。一直持续到中华人民共和国成立初期，元宵行会才渐渐停歇。"文化大革命"时，前童元宵行会被认为是封建迷信活动，彻底停止举行。1995年，前童举办"建村760周年"活动，重新恢复了元宵行会，此后持续每年举行。近年来，行会盛况越发空前，成了宁海地区家喻户晓的民俗活动。前童元宵行会悠久的历史、特定的程式等是研究前童民俗历史的切入口，对宁海民俗历史的研究有一定参考价值。

2. 前童元宵行会活动内容丰富，气氛热闹

从时间节点上来看，正月十五是我国的传统佳节元宵节。前童元宵行会的举行时间也选择在正月十四、十五两天。但前童元宵行会的主旨并不是单一的闹元宵活动，它是借助元宵节这个传统节日纪念塔山童氏祖先开渠凿碶、灌溉农田的功德。聚民心修水利，祈愿年景丰收。正月是农闲时节，民众相对容易集中开展群体文化活动。再者正月里，人们都团聚在家，人多力量大，在这个时间点上举行元宵行会活动，提供给了童氏大族大团聚、大联欢、大展示的好平台。塔山童氏族人利用元宵佳节举行民俗活动，把对祖先的感恩之情充分表露出来。在前童，每年元宵节期间家家张灯结彩，请神祭祖庆祝丰收，烧制美食待客。其间进行的行会活动中展示的民间艺术丰富多彩，头牌彩旗、鼓亭抬阁秋千、丝弦锣鼓、铳花烟花、船灯舞龙舞狮舞齐闹猛，把节日气氛推向高潮。

前童元宵行会规模很大，其中之一就是发动面很广，参与人数众多。按照祖律，元宵节期间，塔山童氏族人全部得回到家乡，参加行会活动，人多场面就热闹，胜于过年气氛。近年来，有些旅居海外的游子也在这期间回到家乡，可见塔山童氏族人参与意识之强烈、家族文化熏陶之深刻。元宵行会活动中，塔山童氏的每一个房族都以代表自己房族的民间艺术参加活动。每当一年一度的元宵行会活动开始前，族人们便已经积极地开始活动前的准备工作了。从每个房派到每家每户，甚至到每个人，都会为一年一度的元宵行会活动做精心的准备，张贴大红对联，制作各式各样的灯笼，修缮装扮鼓亭、抬阁、秋千，采办丰富的祭祖供品等，忙得不亦乐乎。童氏后人男女老少齐动手，表达着童氏后人对行会活动的虔诚，对祖先的敬重。历年参加元宵行会活动巡游队伍的人数估计在四千人左右。这对单一童姓的村落来说，是倾村而出了。而参观前童元宵行会的观众数量就更多了，场面是人涌如潮。以2010年的活动为例，参加行会活动和参观活动的人两天达二十万人之多，整个古镇水泄不通。

前童闹元宵活动主要表现在行会巡游和晚上的灯会活动。十四、十五日白天塔山童氏族人全部出动参加民俗活动，众人一起扛鼓亭、抬阁、秋千，带领濠公游田头察看水利设施，到古镇的大街小巷里巡游。慕名来的观众、游客探访古镇的小桥流水人家，观看行会巡游和童氏族人的祭祖仪式及场面，体验当地丰富的民俗趣味，还可品尝粳米汤包、麦饼以及风味不同一般的前童三宝——豆腐、油泡、香干等特色美食。晚上古镇里家家户户挂上灯笼，众人都出门看灯游艺，整个古镇一片闹猛，烟花绽放，绚丽多姿，巡游队伍逶迤前行，民间音乐或铿锵或婉约，把气氛烘托得美妙无比。挂上灯笼的鼓亭、抬阁、秋千又呈现出与白天不同的精美，众人一饱眼福、口福，过一个传统的元宵节。

3. 鼓亭、抬阁、秋千巡游是元宵行会的亮点

前童元宵行会以十八杠鼓亭、抬阁、秋千唱主角。代表前童童氏十八房的鼓亭、抬阁、秋千，是前童元宵行会中的重要观赏项目。这些形式各异的鼓亭、抬阁、秋千一律采用朱金木雕工艺精雕细刻，外表流光溢彩。前童的鼓亭、抬阁、秋千都是宝塔形，以单数层堆叠。每杠鼓亭、抬阁、秋千都雕刻精美，需要大量的人力、财力。如今，一杠需要十几万元，甚至更高。历史上前童有二十一杠鼓亭、抬阁、秋千。由于历史原因，到1997年时只留下十五杠，现已恢复到

二十一杠。童氏十八房，每房拥有一杠，代表着每一个房族。所以每个房族拥有的鼓亭都有一个相应的名字。鼓亭、抬阁、秋千的命名与童氏宗族或本房族的历史或典故有关。鼓亭、抬阁、秋千体积较大，每个房族都必须组织一支抬鼓亭、抬阁、秋千的队伍。每杠鼓亭、抬阁、秋千由八位身体健壮的本房族青壮年抬着，还备有替换的队员。另有走在前头清理障碍物、保证巡游顺利通行的人员，加上每杠鼓亭、抬阁、秋千的乐队一般需要五六十个人，甚至更多，因为人多代表着房族的强大和荣耀。鼓亭、抬阁、秋千队伍在众人的簇拥下，配合铿锵的锣鼓声，场面浩浩荡荡，十足为本房族增添骄傲的资本。

4. 元宵行会体现了前童人民坚定的民俗信仰

元宵行会从明中叶流传至今，在当今前童人的心目中，童濠不仅仅是先祖，更是一位神，保佑前童五谷丰登、六畜平安。童濠主持开凿了杨柳洪砩工程，使族人安居乐业，后世族人不忘先祖的功绩，他们尊称童濠为濠公老爷，并为其在塔山脚下建庙塑像，时节祭祀，顶礼膜拜，塔山童氏独具特色的行会民俗也由此产生。杨柳洪砩水利工程在当时来说是一项十分巨大的工程，且至今仍发挥着巨大的作用。但当时十余里长的砩渠，由于泥沙冲积，经常会堵塞。于是童濠又制定了一整套的管理办法："以田三石硕为一结，统编族丁为十结，每结值砩一岁。于仲春将有事西畴，备肴馔，招十结人于砩畔，醴酒祭砩毕。群坐而享。乃持竿界砩为十段，拈阄分疏，难易固无所择也。其砩口上有湮塞,则合力公疏。凡田先得水者,满即止。"这个管理办法得到了村民的拥护,并一直延续到前童解放。杨柳洪砩给族人带来了许多好处,人们以传统节日元宵节为契机,举行盛大而隆重的庆祝活动,既庆祝丰收,又寄托来年年景更好的心愿。这是一种和亲睦族、凝聚力量的行动。为了纪念和感恩这位大功臣,前童元宵行会在原先庆贺凿砩引水成功的主旨下,逐渐转变成纪念和感谢童濠的活动。

5. "碾后街"舞蹈表现了童氏族人积极乐观的生活态度

这是塔山童氏祖先自创的舞蹈动作,配上锣鼓经、工尺谱音乐,人们抬着鼓亭、抬阁、秋千跳舞,整个场面人潮涌动,掀起行会活动的高潮。

有进有退的前进,速度极慢,前童人称之为"碾";双桥街至花桥街,前童人称之为"后街"。"碾后街"的起舞地段是在村中的花桥街至双桥街这一段路,双桥街是塔山童氏第十二世祖童濠的住宅所处地,而举行行会,又是为了纪念这位对家族做出巨大贡献的先祖,所以在这一地段进行表演舞蹈别有一番寓意。

双桥街至花桥街长约1000米,最宽的地方只有1.5米左右。当队伍到达后街时,人头攒动,街巷狭窄,庞大而又笨重的鼓亭、抬阁、秋千,进进退退,缓慢前进。而这不经意间,抬着鼓亭、抬阁、秋千的人们向前三步,又向后退两步,肩上的鼓亭、抬阁、秋千在进退中

人们在练习"碾后街"表演

所呈现出来的节律性动作，给活动带来了一种另类美感，给在场的群众带来一种派生的艺术享受。于是便将这种具有艺术元素的东西加以提炼和凸显，久而久之，便产生了一种奇特的艺术形式——舞蹈"碾后街"。

"碾后街"舞蹈的表演时间是在十四、十五两晚夜深人静、行会活动即将曲终人散之时。由于鼓亭、抬阁、秋千上插满了灯笼，在黑漆漆的小巷里，满是灯火辉煌的鼓亭、抬阁、秋千凌空回旋摇曳，要比白天更使人眼花缭乱，新奇壮观。

花桥街至双桥街是一条窄窄长长的小巷，舞蹈者身负七八十斤重的鼓亭、抬阁或秋千，动作因此受到限制，所以幅度不宜过大，步伐必须稳健，因此，这一舞蹈要求舞者必须把动作集中在膝盖和脚上，膝盖要保持均匀受力而有弹性，脚的步伐要稳实，由脚的步伐、膝盖的运动来带动舞者的腰及肩，使鼓亭、抬阁、秋千的上下、前后摇摆。因此，童氏先人在创造这种舞蹈时，就是在负重和狭窄街巷的条件下设计舞蹈动作的。舞蹈一般以六步法和四步法两种步法为主。所谓六步法，即是前进三步（左右左），点一步（右脚原地点一步），后退一步（左脚后退一步），再点一步（右脚原地点一步）；所谓四步法，即是前进三步（左右左），点一步（右脚原地点一步）。

"碾后街"配有专门舞曲，主要是《梅倚阑干》《红线袄》《满江红》三首舞曲。据传，这些曲谱都是自南宋时期由人们口口相传下来的，只在行会活动中使用。懂音乐的先祖们根据地域民间音乐的丰富资源，运用民间音乐简洁、明快而又富有节奏感的音乐特征，展现了江南音乐的委婉动听和悦耳悦心。为了加强舞蹈的节奏感，便于统一舞蹈的步伐，还把流传于民间的民族打击乐运用于舞蹈音乐的演奏中，它最大的特点就是声音响亮，能给演员以强烈的节奏感。特别是在行会这种人员众多、声音嘈杂的场合中，民族打击乐正好发挥了其声音响亮的作用，以其强烈的节奏给众多群舞者以明确的节律引导，使群体舞蹈能在嘈杂的人声中"舞随乐转"。

在行会活动中，如果没有"碾后街"舞蹈表演，就不能称之为一个完整的前童行会。这是因为童氏族人不仅赋予了其舞蹈本身所应该拥有的艺术感染力，而且也赋予其精神上、文化上的价值观念。他们认为，先人们会把族人参加行会的卖力程度、对"碾后街"舞蹈的完成效能，与参与者对先祖的敬奉程度、未来一年的生产和生活相联系。如果在行会活动中跳"碾后街"卖力、虔诚、积极，那么新的一年里，收成就好，五谷丰登，生活顺畅吉祥。反之，将受到神灵或先祖的责罚。

6. 前童元宵行会充分展现了当地民间音乐的特色

前童行会活动过程中，各房族派出的每一支巡游队伍都配备有一支八到十二人不等的乐队进行演奏。整个行会队伍的民间音乐表演队伍，大约有二十多支。锣鼓铿锵，乐曲悠扬，将活动的闹猛气氛烘托出来。这些乐队主要演奏当地流传悠久的工尺谱音乐，有【大开门】【小开门】【紫竹调】【将军令】【满江红】【梅倚阑干】【红线袄】【马头调】【孟姜女调】等传统的曲牌。采用清锣鼓牌子或丝弦乐段交替或重叠演奏。主要乐器有打击乐器：大锣、汤锣、大鼓、战鼓、大钹、小钹、铙、夹色（檀板）等。丝弦乐器主要有：板胡（现在也有用胡琴）、箫和笛。乐队成员都是各房族选派出来的。所以塔山童氏各房族都拥有一两支民间音乐演奏队伍。前童元宵行会中民间音乐表演有深厚的群众基础，房族中每年在农闲时会组织传授民间音乐演奏技能，青年男丁必须参加。有些家长很重视孩子音乐兴趣的培养，还在孩童时，就叫他们跟着演奏队伍学习，十二三岁时就会在行会活动中担当音乐演奏角色。现在，前童的中小学里也开设了民间音乐演奏兴趣班，所以近年来，前童的元宵行会活动中，可以看到很多青少年充实着乐队。行会过程中，为了渲染闹猛的氛围，一般以快节奏的清锣鼓演奏，每至演奏高潮处，鼓手以拳代槌，众乐器齐

声振响，气势相当雄壮。当鼓亭、抬阁、秋千队伍进行"碾后街"表演及晚上观众与巡游队伍一起闹元宵的时候，就以丝弦锣鼓助阵，节奏相对缓和一些，将众人沉浸在闹元宵中的酣热氛围表现得淋漓尽致。

前童元宵行会的民间音乐保持着传统的特色，无论是记谱还是演奏，都按照工尺谱的规范程式进行。只是在近年的学校教学中，因为教师不懂工尺谱的记谱形式，而采用现代曲谱形式教学。但民间的传习中，老艺人仍是保留传统，用合、四、一、上、尺、工、凡、六、五、乙等字记写音高、唱名。

工尺谱一：【紫竹调】

工五六，五五六，工五六工尺。

六工六，尺工尺，四尺上四合。

工六五工六，工六五五六，

六工六，五五六，工五六工尺。

工尺上工尺，四上四上尺工上四合，

四四合。

工尺谱二：【满江红】

上工尺工六，五六工，尺工上四尺。

工工尺工六，五六工，尺工上四尺。

尺，尺，工六工尺上上尺上四。尺工上上。

四上四合工，六五六工尺，工六工尺。

上上尺上四上合上四。

六工工，工六工尺，上尺工工六工工，

工六工尺上尺工工上尺工工尺。

六五六工尺，工六工尺上上尺上。

四上合上四。

上尺工工尺，六五六工尺，工六工尺。

上上尺上四上合上四，四上合上四。

工尺谱三：【梅倚阑干】

工工六五，工工上尺，工五六尺工，

工尺工尺上工合四上。

工工四上尺，尺工尺，尺工六五工六工尺。

上工合四上，上尺工工尺工尺上四，

四尺上四合，四四合。

工工六五。工工上尺，工五六尺工，

工尺工尺上工合四上。

四上四合，四上四合四上，合四上，

四上四合四合上。

工工四上尺，尺工尺，尺工六五工六工尺，

上工合四上，上尺工工尺工尺上四，

四尺上四合，四四合。

工尺谱四：【将军令】

工工六五，工工上尺，工五六尺工，

工尺工尺上合四上，工四上尺，尺工尺，

尺工六五六工尺工尺工合四上，上尺工工尺上四，

四尺上四合四四合，工工六五工工上尺，

工五六尺工，工尺工尺上合四上，四上四合，

四上合四上，工四上尺，尺工六五，工六工尺上，

工尺工五尺工尺上四，四四合。

工尺谱五：【红线袄】

五五双五六双五，尺尺工双，双尺五，

双尺五工工六，五五双五六。

尺尺工双，双四上尺尺工双，双尺五，

双尺五双五六工六工上尺，工尺上工尺，

工上尺。六工六五双，双尺上四，

双尺双五六，工六工尺上尺，工尺上工尺工上尺。

[贰] 前童元宵行会的价值

1. 表达了塔山童氏族人对自然与祖先的感恩之情

前童村处在两山对峙之间，东有塔山，西有鹿山；南面白溪水，北面梁皇溪，两水环绕。山静水动，地理环境得天独厚。塔山童氏

祖先懂得"水于天地间,为利最薄,五谷百材皆赖以滋生。故营田水利,自古重之"的道理,所以一向十分重视水利设施的兴建和水系运用的布局。明正德年间,塔山童氏祖先童濠出面主持修筑了杨柳洪砩,可灌溉农田面积达三千余亩。引来的溪水还流经村落,满足了村内生活、防火等用水。这项水利工程的建成使得前童不再受年年干旱之苦,庄稼苗壮,生产发展,人安物阜,滋育了世世代代的前童人。至今,前童村内水渠的水依然澄碧长流,孩童在此嬉水,村妇在此捣衣。春节至元宵期间,节日气氛甚浓,家家户户有吃有穿,日子幸福,心情愉快。又时值农闲季节,前童把元宵节作为欢庆新年的第一个节日,当作一年中最大、最重要的节日来办。人们借闹元宵的名义,实际上是在搞村庆,用来庆贺村族历史上兴修水利工程的成功,以行会的形式来纪念开渠凿砩、引水灌溉、造福于民的先祖童濠的功德。童氏族人崇敬祖先,对先祖童濠怀有一种特别的感情。行会过程中,童氏族人带领濠公老爷游田头,察看水利设施和农田情况。其怀念先人、感恩先祖的氛围显得异常浓烈和热切。整个活动凝聚着全村人的一个共同心愿,祈求祖先在天之灵保佑前童风调雨顺,年年大丰收。

2. 是研究宁海前童民俗、历史的活化石

元宵行会悠久的历史、特定的程式等是研究前童民俗历史的切入口,对宁海民俗历史的研究有一定的参考价值。前童元宵行会无

论是直观的活动形式、活动内容，还是其所反映的民俗风情，都非常有特色，它已成了前童人心里不可或缺的一部分，或者说已经成为不可替代的一种传统文化活动。前童元宵行会以我国传统的民俗节日元宵节为活动的时间点，以巡游的行会形式表演塔山童氏独具特色的民间文艺，表达童氏族人对传统民俗节日的庆贺、对童氏族人先祖的纪念和崇拜，演绎童氏后裔对家族优秀传统精神、思想品德和传统文化的继承、弘扬，是彰显塔山童氏团结和谐、昭示童氏子孙聪明才智的一场文化盛会。这样的文化盛会，需要我们从塔山童氏所居住的自然环境、地域文化对塔山童氏家族文化的影响进程中去寻找它孕育、产生、形成、发展的轨迹。前童元宵行会，实质上是塔山童氏家族的一种宗亲民俗文化的大汇集、大展示，是塔山童氏家族以民俗文化的形式来表达他们宗亲文化的一种具体显现。它是塔山童氏历经无数代先人的创造、积淀而形成的一种民间民俗文化精神成果，我们将以独到的审美视角，看到这一地域所蕴含的更广泛、更深远的社会、精神、文化的价值。

3. 充分表现出人们浓厚的生活情趣和对美的追求

每年的元宵行会活动是前童村一年之中气氛最为热烈、形式最为隆重、规模最为浩大、影响最为深远的民俗文化活动。前童元宵行会民俗活动内容丰富，童氏族人参与积极，气氛活跃，秩序良好，展示了人们对美好生活的享受和追求。

前童元宵行会带有浓重的农耕文化特色。童氏族人认为春节的欢快和农耕丰收的关系密切。这是他们自己日常劳作的切身感受和他们对于大自然的与生俱来的依靠，他们要感谢大自然的恩赐，让他们年成丰收。前童人人期盼元宵，人人回家闹元宵，活动丰富多彩，人人脸上洋溢着欢快，生活的幸福表现在脸上、行动上。家庭主妇一丝不苟地准备祭品，态度虔诚。

鼓亭、抬阁、秋千拥有美学、艺术和文化等多重功能。这些器具上边线的设计装饰，以造型艺术的表现手法，为器具增添了艺术美感和文化内涵。雕刻、绘画、文字、色彩等是童氏族人表现自己地域文化和宗族文化的艺术手段。前童元宵行会中的鼓亭、抬阁、秋千代表着房族，而这些器具的命名则反映了他们对精神和文化内涵的追求。前童元宵行会整个活动场面热热闹闹。外部的形式美透露了内部的情感美。与此相关的节日用品也有着特殊的魅力，给人们留下深刻印象。灯彩、烟花蔚为壮观，迅速增添喜庆气氛。演奏的民间音乐，欢快流畅，充分流露人们的喜悦之情。

4. 促进乡土文化的传播和交流

前童以格局奇特的传统古建筑和元宵行会民俗活动而闻名全国，前童元宵行会是塔山童氏一族最具地域特征和文化特色的民间民俗文化盛会。正是这一有利的资源促进了前童古镇旅游的不断发展。

前童地处宁海西南部，此地溪流环绕，土地肥沃，谓"山之秀、水之灵"之地。塔山童氏自南宋绍定六年（1233）定居于前童，耕读传家，繁衍兴旺，形成一个规模相当大的自然村。童氏祖先将村外的农田灌溉水渠引进村庄，又精心规划，采用八卦阵式，使白溪水沿渠入村后，挨户环流，家家连流水小桥，户户通卵石曲径。村内保存有完好的古代村落建筑群，大多为明清建筑，院落、民居、祠堂、街巷，交相辉映，自成格局，构成了一道独特的风景线。整个前童镇有"村古、民朴、泉神、山秀"的特色。

前童元宵行会始于明正德年间，流传历史悠久。塔山童氏族规规定，前童童氏后人一律参加行会活动，体现了这个家族村落的强大凝聚力和认同感。村民以行会为载体，充分表达他们对祖先的感恩和敬畏。1995年前童庆祝"建村760周年"时，恢复元宵行会。以后每年举行，名声渐远。远近游客慕名前来观赏闹元宵，参加的人数以十万计，气氛相当热闹，万民同乐，和谐可亲。2006年，前童被授予"中国历史文化名镇"的称号。借助这一契机，前童人挖掘元宵行会的文化内涵，使这一古老的游艺活动成了宁海家喻户晓的、大型集会性的群乐活动。前童被宁波市命名为"鼓亭之乡"。

为发展古镇旅游业，前童还开办了他们自己的民俗博物馆和鼓亭馆，展示前童的民俗风貌。鼓亭馆是专门陈列元宵行会活动精美道具鼓亭、抬阁、秋千等的展示馆。馆内除静态的展示外，还有动态的展示，就是以数字化形式播放元宵行会盛况，让游客在元宵佳节之外的日子里同样能领略到古镇元宵行会的热闹氛围。因为有着悠久的文化历史，并积极向外界宣传展示，前童成为浙江省旅游城镇、浙江省历史文化保护区。

　　塔山童氏族人利用自己的资源，打响了前童古镇的旅游品牌。他们加大在各大新闻媒体上的宣传力度，例如在央视新闻频道、浙江卫视等做宣传介绍；挖掘和创造条件，将古镇前童打造为国家AAAA级景区；通过饮食展示，鼓亭、抬阁、秋千制作技艺体验活动等进一步提升前童古镇旅游业的名气。从近些年古镇旅游的数据来看，每年到前童古镇来旅游的人数达四百万人次以上，单是每年元宵节期间的游客数量就达到三十万人次以上。游客剧增，带动当地餐饮、民宿业的发展。前童三宝、木雕龙舟等工艺品已形成产业，销售额每年递增，给当地居民增添了不少的经济收入。

四、前童元宵行会的传承与保护

进入现代社会后，前童元宵行会虽是沿袭了传统，但行会过程中的许多细节和要求也发生了很大的改变。原先简单朴素的鼓亭、抬阁、秋千等，现在是朱金木雕，一杠比一杠精美。久负盛名的行会『碾后街』舞蹈因村民脱离体力劳动的时间太久，取而代之以安装轮胎行进，从而退出表演舞台。有进步的，也有退步的，甚至是消亡的。所以在历史的变迁中，如何传承和发展传统民俗活动，引起前童元宵行会的研究者的关注和重视。

四、前童元宵行会的传承与保护

　　前童元宵行会历史悠久，从明正德年间生发，流传至今，形成了一系列具有当地特色的民俗事象，具有很高的社会价值和文化价值。前童元宵行会是为了庆贺童氏十二世祖童濠带领族人修筑杨柳洪碶成功的庆典活动。以此为契机，族人们由庆贺、感恩、纪念逐渐发展和演变成这样一种在浙东地区具有深远影响的大型民俗文化活动。进入现代社会后，前童元宵行会虽是沿袭了传统，但行会过程中的许多细节和要求也发生了很大的改变。原先简单朴素的鼓亭、抬阁、秋千等，现在是朱金木雕，一杠比一杠精美。久负盛名的行会"碾后街"舞蹈因村民脱离体力劳动的时间太久，取而代之以安装轮胎行进，从而退出表演舞台。有进步的，也有退步的，甚至是消亡的。所以在历史的变迁中，如何传承和发展传统民俗活动，引起前童元宵行会的研究者的关注和重视。

[壹]存续现状

　　前童元宵行会，作为一个家族村落所组织的民间民俗文化盛会，历经五百年的历史传承而生生不息，脉脉相传，是前童地域文化和家族文化历史积淀深厚的标志。前童元宵行会，作为一种体现我国优秀传统文化的民间民俗活动，以其独特的文化艺术魅力，于2014年入选了国家级非物质文化遗产名录。

近年来，随着媒体的宣传，前童元宵行会名声在外，来到宁海的人们一说起正月里的活动，马上就会说到去前童看元宵行会。在宁海人的脑海里，前童元宵行会就是宁海人闹元宵的代名词。所以宁海人十四、十五都会涌到前童去。一方面，每年当地政府为此活动的交通、饮食、人身安全等问题颇费脑筋，这就导致了政府不主张传统的、大规模的行会游艺活动的举行。而另一方面，由于外来客人的慕名加上塔山童氏族人的热情，行会活动年年举行，场面越来越浩大，所以造成政府和当地民众之间的一些矛盾，双方都很困惑。一个前童古镇，十四、十五两天客流量可以达到二三十万左右，吃饭、停车都成问题。每年这两天，政府部门高度紧张，疏导交通、保障饮食安全，全方面监督、保障。近些年，政府部门甚至给村里施加压力，绝对不能扩大规模，主张在鼓亭、抬阁、秋千巡游中，省去一些民间艺术的表演和部分传统祭祀。这与以往能尽情欣赏民间艺术表演的情形大为不同。

另外，如今的行会巡游与传统的行会巡游很明显的一点不同是，原先农耕时代，童氏族人以农业生产为主，农人们练就一副好身骨，个个身强力壮。鼓亭、抬阁、秋千虽则每杠有三四百斤重，但他们抬在肩上毫不费力，农村的青壮年两人就可轻松抬起。而现在，年轻的童氏族人很少有坚持干体力活的，肩上已挑不起重担了，所以将鼓亭、抬阁、秋千都安装上车轮子，推着前进。这样虽然省力了，但传统上那种众人一起抬起，"嗨哟"前行的气势没有了。而且，现在观众越来越多，道路拥挤不堪，游行的队伍行进速度减慢。再者，出于安全考虑，巡游队伍的两边时刻有安保人员跟踪前行，这些因素将万众奔赴闹元宵的热烈气氛削弱了。

但塔山童氏族人是坚决传承和保护他们这一传统习俗的。每年的元宵行会，他们以自己房族的鼓亭、抬阁、秋千为傲，将这些器具装扮得华丽精美，以鼓亭为中心簇拥在一起，并施放美丽的烟花，置办美味佳肴，迎接远方客人。许多企业家等纷纷捐助本房族的元宵活动。2010年前童文物与非遗保护协会成立，童全灿担任协会首届会长。这个协会成立后，对前童元宵行会的传承发展起到了很大的作用，从原先的只是注重形式上的活动发展到协会会员研究行会的发展历史、民俗现象等，从理论角度加强对前童元宵行会的研究。

元宵民俗活动强大的影响力，鞭策着塔山童氏族人传承和发展行会民俗。前童元宵行会活动，最能集中体现塔山童氏族人那种和谐竞争的浓烈氛围。元宵行会期间，童氏族人中的男丁一律回家，听候房族主持的吩咐参加活动，在行会过程中扮演好自己的角色。各房族之间相互竞争、相互学习民间艺术样式，力争把自己房族的民间艺术样式做得最好、最出色、最能得到人们的认可和赞赏。每当行会进行到夜晚时，村落中的男女老少全部涌到大街上，小孩们提着各式的灯笼，众人相互问候道喜、彼此欣赏，跟随行会的队伍闹元宵，民俗活动气氛达到高潮。

前童村在长期的实践中，借鉴其他古村落的经验教训，得出这样的理念：珍惜和保护古村历史文化风貌，就是保护不可再生的宝贵财产。村落的价值，在于传统历史和特色文化，这些是无形的精神财富，是前童人赖以生存和发展的根本。2002年，前童村邀请同济大学国家历史文化名城研究中心制定了《前童镇旅游概念性规划及重点地块控制性开发规划》，对前童古村落的保护与新村建设起到了非常重要的作用，体现了"保护历史真实性、风貌完整性、维持生活延续性"的原则，结合新农村建设的目标任务，重点保护古村风貌，发展传统工艺，延续传统民俗节庆的特色，充分挖掘古村文化内涵，弘扬民俗传统文化。

当地政府和县文化部门也十分关注民俗活动，正采取一系列措施加强对前童古镇元宵文化的保护。在县非遗中心的组织和指导下，前童成立了非物质文化遗产保护协会，有四十位童氏后人专职从事元宵行会的保护工作，积极挖掘、整理前童元宵行会活动内容，使之更具人文色彩。由于童氏族人的齐心，近年来元宵行会活动得以较为完整地恢复。

[贰]代表性传承人和传承基地

塔山童氏的始祖童潢，是南宋绍定年间从黄岩迁徙而来，之后在此创下基业，终于繁衍成泱泱大族。村落中十有八九为出自同一血统的童姓，他们有着共同的血缘和地缘，显示出较强的凝聚力和认同感。塔山童氏从六世祖释卿公的四个儿子起，分为塔山童氏四房，史称"老四房"。自那以后，形成了童氏家族的"族房制"模式，保证了童氏家族管理的有序性，到如今已分派成十八房了。前童塔山童氏家族组织以"族房制"的宗法制度模式进行繁衍和管理。族长是一族之长，人们习惯上称之为"族长太公"，是这一族中拥有资历和权威的中心人物。从明正德年间开始的庆祝水利设施杨柳洪砩修筑成功的元宵行会活动由各代的童氏族长太公领导着各房族众族人开展和延续。

在前童元宵行会活动中，许多事象反映了塔山童氏族人的宗族文化和团结精神，以及强大的向心力和凝聚力，表现出强大的传承力量。前童行会活动期间，塔山童氏族人视行会活动为他们盛大的文化节日，家家发动，人人参与。在活动开始前，童氏族人每家每户都会按"催丁票"所要求的那样，积极主动地做好各项配合工作，清理卫生、粘贴对联、悬挂红灯、整理环境，整个村庄张灯结彩、喜气洋洋。在行会过程中，凡是巡游队伍经过的地方，家家户户的主妇都会在自己的家门口放上桌子，摆放烧好的茶点，有桂圆红枣茶、糖果糕点等，专门供给那些参加行会巡游活动的人们和来自四面八方观赏行会活动的客人们免费享用。这充分体现了塔山童氏家族纯朴善良的精神风貌。当行会队伍中濠公老爷的神轿到来时，那些恭候在路旁的童氏族人都会上前去摸一摸濠公轿，沾一沾濠公老爷的神气，以求得生活更加美好、家族和睦团结、村落繁荣昌盛。

随着社会的发展和革新，晚清前后，童氏族人中的一些佼佼者或者有名望的人逐渐挑起行会活动的组织工作。1997年，前童恢复元宵行会后，为适应新时代发展的要求，行会活动有了一个新的固定组织。童氏十八房设立民俗总支办，推选出一位主持人，每房又推选出一位房长，大家共商元宵行会事宜。纵观行会的传承情况，归结为一点：前童元宵行会的操作由童氏后人负责，属于群体传承。这里列举晚清至今，前童元宵行会工作主持人的传承谱系如下：

代数	姓名	对行会活动的主要贡献
1	童宏重（1868—1944）	晚清秀才，编修童氏族谱，主持元宵行会
2	童仲卜（1900—1951）	生前是一乡之长，领导能力强，带领童氏族人兴修水利，举行元宵行会
3	童玉云（1922—2014）	担任活动理事，修缮行会器具，分房派保存，发动族人捐资捐物举行行会活动
4	童全灿（1939— ）	从小积极参加元宵行会活动，1997年担任童氏十八房民俗总支办主持人，全面负责前童元宵行会的领导工作，并在工作中培养接班人
5	童六如（1955— ） 童岳军（1954— ） 童定华（1955— ）	担任活动理事，积极协助童全灿组织好行会活动，协调各房族事宜，是童全灿竭力培养的好帮手
6	童文彬（1953— ）	2009年，担任行会主持人，主持召开坐堂会，筹措活动经费，传承保护民俗

1. 浙江省级代表性传承人——童全灿

童全灿，1939年8月生，前童联合村人。2009年6月，童全灿被认定为浙江省级非遗代表性传承人。

童全灿生性积极活跃，乐于民俗、集体事业。幼年时就每年参加前童的行会民俗活动。1947年，年仅九岁的他就踊跃扛头牌参加行会活动。1959年，庆祝中华人民共和国成立十周年，童全灿成为元宵行会活动的骨干分子，参与活动策划、负责巡游等。"文化大革命"时期，由于"破四旧"，童全灿担忧行会道具被摧毁，带领童氏族人将一部分珍贵的鼓亭、抬阁、秋千悄悄藏到谷仓里保存。1995年，前童举行"建村760周年"活动，恢复元宵行会，时任前童民俗文化总支办的童全灿正式主持元宵行会工作，全身心投入前童元宵行会的恢复、传承和发展工作，他修缮了四杠保存下来的鼓亭，还增添了两杠新的，召集童氏族人积极参与元宵行会活动。1998年元宵节，在童全灿的努力下，童氏房族的十八杠鼓亭全部恢复，亮相当年的行会活动，成为轰动一时的民俗亮点，许多人慕名来前童闹元宵。此后，童全灿一直领导着行会活动。2011年，前童建成鼓亭馆，他又说服各房族，将所有鼓亭、抬阁、秋千等行会道具集中存放并对外开放，其本人担任鼓亭馆的义务讲解员，服务游客。

童全灿年迈却仍致力于前童元宵行会民俗文化的传承和保护。他带领童氏后人建造、修缮行会器具，恢复行会的宏大规模，还积极配合县政府将前童的鼓亭、抬阁、秋千搬运到上海、杭州等地展示，不断扩大前童元宵行会的影响。他收集了行会活动中演奏的具有当地特色的《将军令》《梅倚阑干》《大开门》《小开门》等民间乐曲，协同前童中小学，开展传承教学工作，为十八杠鼓亭、抬阁队伍的音乐演奏培养年轻力量。

童全灿还在各房族的行会活动中，发掘并培养了一群民俗活动积极分子，逐步培养他们的组织活动能力，壮大前童元宵行会保护队伍，有效推进前童元宵行会的传承和发展。这支队伍包括童文彬、童岳军、童定华、童帝寿、童六如等人，他们主动挑起组织活动

童全灿分发资料，准备召开坐堂会

的重任。在童全灿的指导和帮助下，现在的元宵行会组织工作主要
交予童文彬主持。引导童氏族人和谐相处，耕读传家，积极生活，童
全灿为了前童元宵行会的传承与发展一直无偿操劳至今。

2. 童全灿培养的新一代接班人——童文彬

童文彬，1953年出生，宁海塔山童氏第二十四代裔孙，隶属祠
堂后房派，该房派建有鼓亭"忠义亭"。2000年，童文彬被推选为前
童元宵行会主要负责人之一，协助童全灿开展行会相关工作。2009
年，被推选为元宵行会总负责人，挑起童氏家族的大梁。

童文彬幼年时就目睹和参与前童元宵行会活动。1959年，庆祝
中华人民共和国成立十周年，前童村隆重举办元宵行会。他与家族
其他孩童一样，在父母的极力推荐下，为元宵行会出力。他抽中头
签，装扮成杨宗保，手持长枪，威风凛凛地站在抬阁上表演。这在幼
年的童文彬心里，是无比自豪和光荣的。

1959年后，元宵行会被迫停止。直到1995年，前童举办"建村
760周年"活动，童氏族人提出恢复元宵行会，他第一个举手同意。
当时，由于人力、物力有限，许多人反对。但他和童全灿两人始终坚
定不移，力排众议，带头筹集资金。当时，整个前童村只有五杠稍微
完整的鼓亭。由于时间紧迫，他们就用木板、竹子、纸板做了十几杠
简易鼓亭。

元宵节的那一天，行会活动正式启动。四方有人慕名而来，散

居在全国各地的童氏后裔纷纷发来贺电。在锣鼓声中，元宵行会轰轰烈烈地举行，场面十分浩大，令人耳目一新。

1996年后，元宵行会每年举办，四乡八方来客人山人海。这是喜庆的事，童文彬却是忧心忡忡。根据惯例，行会队伍必须沿着前童街巷，走过每户人家的门前屋后，踏遍每户人家的田头，以示祖先对全部子孙的庇佑。倘若遗漏了哪户人家，则预示着这户人家来年时运不佳。但是，随着前童开发旅游以来，游客量逐年增加。同时，元宵行会活动场面越来越大，行会的器具鼓亭、抬阁、秋千也越做越好，越做越大，一些小巷子根本无法通行，导致矛盾日益凸显。童文彬多次召集会议，提出要改变行会路线：为了安全，在古镇景区内，游行队伍只走老街、花桥街，其余小巷弄不再经过。这下，炸开了锅，提议遭到集体反对："这是祖宗定下的规矩，谁也没有权利去破坏。"但是，参加行会的游人多，鼓亭体积大，巷子窄，的确很容易发生危险——游人被磕伤或者发生踩踏事件，谁也无法承担这样的责任。于是童文彬叫上童全灿和一些德高望重的长辈，挨家挨户地去找各房派的领头人，动之以情，晓之以理，终于做通思想工作，重新制定了游行路线。为此，一些不明事理的村民跑到他家去闹，甚至还有人拿石头砸他家玻璃，他都不以为意，只要路线的事情能够定下来，保证元宵行会活动安全举行，其余事情都是小事。

2008年，前童镇政府投资一千万元建造鼓亭馆，作为陈列元宵行会道具的非遗展示馆，统一管理，统一修缮。但是，许多人还是将鼓亭存放在小祠堂或自己家中。他们认为，这是祖宗留下的宝贝，放在自己家里最安心。在劝说无果后，解决这个棘手难题的重任就又落到了童文彬的头上。他心里很清楚，家里存放鼓亭，意味着荣誉，意味着族人的信任，这是家族赐予的金牌，谁也不愿意放手。另外，鼓亭、抬阁是童氏族人集体捐资建造的，如果损坏，难以向父老乡亲交代。为了把问题圆满解决，童文彬吃不下睡不着。最后他将自己房派的忠义亭率先陈列到鼓亭馆，又到镇政府、管委办、旅游中心要来合同，与各个房派领头人签订，确保鼓亭万无一失，这才将十八杠鼓亭全部陈列到鼓亭馆。

每年的元宵行会前几日，各房派领头人会挨家挨户筹集资金，用于活动开支。一年两年不要紧，如果每年都上门筹集，无疑是增加了村民负担。而元宵行会如果一直靠筹集资金来举办，是肯定不会长久的。童文彬翻阅《宁海塔山童氏谱志》了解到，从前童举行元宵行会开始，一切活动的费用，都是用公田的田租支付。现如今，已经没有公田了。但是，在二十世纪六十年代，前童人围垦的白茇塘，现在出租给别人用于水产养殖，每年都有一笔数目不小的租金收入。作为元宵行会领导人，他召开全体村民会议，讨论将租金用于元宵行会的费用支出。族人们议论纷纷，很多人觉得这是集体的资金，应该用于集体建设，元宵行会只是一项娱乐活动，有钱就举办，

传承人童文彬主持召开坐堂会

没钱就不举办，不该浪费集体的钱用于举办娱乐活动。对此，童文彬解释说："元宵行会并不是一项简单的娱乐活动，它是前童人凝聚力的体现。在以前，族里有大事，都是在元宵节、人多时才宣告。"慢慢的，许多人都赞成他，觉得他做得对。他最终为前童元宵行会争取到了专项资金，使行会活动每年能如期盛大举行。

3. 公忠亭负责人——童六如

童六如，男，生于1950年，系宁海县塔山童氏第二十六代孙，任前童元宵行会公忠亭（头牌）负责人。

公忠亭属塔山童氏敦一孝一悌五秉二忠二贞二房派后裔共同所有。该房派自明清以来，居官者为多，受朝廷嘉奖最多。据《塔山童氏谱志》载,自塔山童氏有史以来,受朝廷圣旨表彰十一道,该房派就有六道。每年元宵行会,十八杠鼓亭行进次序都需抽签决定,唯有公忠亭不需抽签,排在队伍第一位,起到领头的作用。元宵行会结束时,公忠亭也最后退场。

童六如的父亲曾是公忠亭的账房先生。土地改革时,公忠亭被视作"破四旧"的对象烧毁。1995年,前童举办"建村760周年"庆祝活动,恢复元宵行会。由于时间紧,就用纸做成了简易的公忠亭。1996年,童六如的父亲和几位族叔及童六如等人着手恢复公忠亭,商议按房派的男丁筹钱建造公忠亭,规定每丁五十元,也有的给一百元或两百元,大方一点的有给一千元或两千元。经过两年的准备和制作,恢复了本房派的鼓亭——公忠亭。

恢复鼓亭后,还得解决演奏乐队的问题。于是,童六如从本房族中抽调人选成立乐队,自己也是其中一员。众人练习并掌握了配合鼓亭巡游的专门乐曲《梅倚阑干》《红线袄》《满江红》等,与鼓亭舞和谐地融合在一起。

童六如身为公忠亭负责人,尽职尽责。在参与元宵行会的过程中,又全程负责公忠亭的保卫和安全工作。每年的元宵行会活动人山人海,在观众人流量大时,他沉着应对,保证巡游队伍有序渐进、观众人身安全。

鼓亭是木结构器物,每年需要修缮,维护费至少要一两万元,筹款任务当然也就压在童六如身上。于是他经常需要筹备并召开房派紧急会议，联合本房族的长者，向那些在外办企业的童氏族人筹款，保证本房族参与元宵行会活动的必要开支。有人问童六如："你们这样做，能拿到多少补贴？"他笑笑说："这是家族的事业，是我们自己的事情，我们倒贴钱也做。""元宵行会是老祖宗传下来的，为了举办元宵行会，讨饭也愿意。"

2011年，前童古镇新建了鼓亭馆，童六如又做主将公忠亭抬入展馆展出，让更多的游客一睹前童鼓亭的风采。

4. 鼓亭、抬阁制作传承人——童帝寿

前童土地贫瘠，且多山洪和干旱，偌大的家族挤在一块狭小的盆地里，千百年来却越来越兴旺发达，这和当地的手工业发达有密切的联系。前童历来被称为"五匠之乡"（木匠、漆匠、泥水匠、石匠、篾匠），行行都有身怀绝技的人才，其中尤以木雕工艺最为突出，手工技艺水平高超。该行业早期的艺人已不可考，然而其保留下来的建筑、器用及工艺品的工艺水平，可谓高超绝伦。前童家家户户几乎都保存着清代和民国时期的雕花床、八仙桌、红橱、篾丝箱等精致家具。古老的民居里，斗拱、雀替、柱饰造型千姿百态。我们从元宵行会的主要器具鼓亭、抬阁、秋千也可窥见一斑，这些器具无一不是精雕细镂的。这些器具表现了延续不衰的前童手工艺行业的许多特点：装饰的图案和色彩等反映了前童人追求生活美的一种文

化素养；花格子、门楣、栏杆、飞檐等无不精雕细绘，镂空雕、深浅浮雕、拉花等，技艺手法相当丰富。另一方面这些内容反映了前童人的处世理念。中国古代将自然物的造化最终归结为善的本质，这使民间工艺美术的创造往往带有鲜明的社会性色彩和主观性色彩。童氏族人在鼓亭、抬阁、秋千上突出了人物这一系列，在人物题材中又以历史典故、名人逸事、戏曲人物等为重点，其中所表现的"渔樵耕读""二十四孝"等内容和"耕读传家""敦孝悌"等儒家理念遥相呼应；另有一些祥瑞题材的雕刻，如"牡丹富贵""和合如意""年年有余""三阳开泰"等，表明前童人以一种喻义手法表现了自己的理想。作品中体现出非常浓厚的人情味，是前童手工艺品制作的最大特色。此外，其艺术手法也显示了前童人的聪慧、豁达和丰富的想象力。在技法上，精致、一丝不苟，人物的神态、发丝等都细致地表现出来。在造型上，喜欢用夸张变形和意象手法，不受自然物象所限制。在色彩上，讲求强烈、明快、红火，朱红、群青为主，用金、银漆点，看上去金碧辉煌。

前童元宵行会中的鼓亭、抬阁、秋千，其出资方都是以童氏宗族中的某一房族为单位的，这中间所表达的房族意识十分强烈。鼓亭、抬阁、秋千的制作费用往往十分昂贵，少则七八万，多则十几万，甚至几十万，各房族人为了本房族的声誉，都会踊跃捐资建造。在童氏族人的心目中，鼓亭、抬阁、秋千是他们房族的代表，是他们的光辉形象，他们视鼓亭、抬阁、秋千为自己房族的一种荣耀的共同资产而加以推出、保护和传承。为了使自己房族的鼓亭、抬阁、秋千能在各房族之间的激烈竞争中出类拔萃，他们年年都细心呵护，或修缮，或装饰。不少房族族人甚至在过年前就费尽心思地装扮本房的鼓亭、抬阁、秋千，好在元宵佳节时向人们展示自己房族的魅力。行会游行时，每当抬过来本房的鼓亭、抬阁、秋千时，大家骄傲万分，啧啧称赞。

前童不乏能工巧匠，童氏家族中好多人都是有名气的木作、雕作工匠，发展到现当代，如童小海、童帝寿、童学善、童彭飞等人，都是当地有名的雕作师傅，雕琢出的鼓亭、抬阁、秋千一杠比一杠精美。这里介绍鼓亭抬阁制作传承人童帝寿老师傅。

童帝寿，男，1943年12月生，前童人，是宁海民间公认的工艺美术大师，擅长朱金木雕工艺和中国画中的山水画。

童帝寿二十岁开始跟随雕花匠学习雕花技艺，三年后成才，从事木雕创作。1968年，他创办前童雕刻社，设计图案、雕刻花板、绘画，制作的朱金木雕花板出口日本。

后来童帝寿转道去青海、甘肃等地雕刻佛像及当地寺庙建筑的彩绘。著名的郎木寺、碌曲西仓寺院等都留有他的作品。在异地，他还学会了"唐卡"艺术。

回乡后，他致力于山水画的创作及仿古建筑的设计、建造，为前

童建造了多杠行会器具——鼓亭、抬阁，还模仿宁海城隍庙复杂的戏台藻井建造工艺建造新的戏台藻井。现在鼓亭馆中存放的濠公轿就出自童帝寿之手。

5. 传承基地：前童鼓亭馆

为了更好地保护和传承这一独特的民俗文化，2009年，前童镇投资建成了目前国内唯一的鼓亭、抬阁、秋千主题展示馆——鼓亭馆，将行会动态表演的鼓亭、抬阁、秋千等道具的静态展示和行会活动情况的视频展示结合在一起，让更多的参观者体验到传统民俗艺术的精华。

鼓亭馆，占地面积为5819平方米，建筑面积为1500平方米，坐落在古镇核心景区的南面。整体造型采用木结构四合院，前厅层层重叠似鼓亭状。该馆由鼓亭展示馆和民俗演艺广场两部分组成。馆内以影视多媒体与舞台搭景组合为大视觉背景，以当地传统的工尺调为音乐背景，以视觉、听觉共同展现前童元宵行会这一古老民间游艺活动的热闹场面，使游客在观赏时有"人在行会中"身临其境般的惊喜体验。

鼓亭馆集中展示了保存完整的童氏十八个房族的古老鼓亭、抬阁、秋千以及行会道具和服装。每一杠鼓亭、抬阁、秋千都有其特定的名称和内涵，不仅仅是各房家族兴旺和地位的象征，更是被赋予了与前童古镇源远流长的历史文化相关的故事精髓，鼓亭馆将忠孝礼义、耕读传家等这些精神内涵用文字进行阐释。每年举行的前童元宵行会，吸引了周边乡镇、地区乃至省市外的游客前来观看，成为这一非物质文化遗产最好的活态展示。

鼓亭馆所展示的前童元宵行会文化是一种"孝"文化，是一种"和"文化。为了充分发扬前童当地这种优秀的传统文化精神，鼓亭馆在2012年至2013年间举行了以"仁政、孝道、悌义、忠心、仁爱、廉政"为主题的十六次文化讲座，还开展"非物质文化遗产保护"等主题讲座，邀请了北京舞蹈学院研究生与非遗传承人共同研究探讨"碾后街""船灯舞"等行会舞蹈表演形式，深化民俗活动内涵。

鼓亭馆现由前童镇综合文化站和前童古镇旅游发展有限公司共同管理。镇综合文化站主要负责文化宣传和展示、文物保护、非遗项目挖掘等工作；前童古镇旅游发展有限公司负责卫生清洁和游客接待等。馆内配备五名专职管理人员，负责安全保卫和日常维护工作，并对鼓亭馆每日情况进行记录。现已制定了一系列管理制度以及工作人员管理职责，建立起完备的相关档案资料。

自开馆以来，鼓亭馆每年接待游客达六十万人次以上，对保护前童文化完整性具有重要意义，深受古镇居民以及各地游客的欢迎和好评。在前童"古镇保护开发"的指导思想下，行会民俗活动以鼓亭馆为落脚点，得以传承和发展，也将继续以游行表演和静物展示相结合的方式，来进一步挖掘和推广中国传统文化和前童特色文化。

[叁]保护措施与发展方向

1995年，前童举行"建村760周年"活动，恢复元宵行会，盛况空前，受到各方的瞩目，于是传统文化的价值被重新认识和挖掘。进入新世纪，随着我国非物质文化遗产保护工作的不断开展和深入，传统节日受到国家、政府和全社会的高度重视，前童古镇民间保护力量也积极参与其中。从政府到民间，形成了对前童元宵行会的保护合力。2003年，恢复了塔山童氏十八个房族的十八杠鼓亭、抬阁、秋千，将元宵行会向前推进一步；2005年，将前童鼓亭、抬阁收录宁海县民间艺术普查档案；2008年，前童元宵行会进入浙江省级非物质文化遗产名录；2010年，成立前童文物与非遗保护协会，前童元宵行会活动有了组织保障。近几年来，由于元宵行会活动宣传力度的加大，许多人慕名前来参观，场面越来越大。

1. 保留传统，尽显韵味

前童元宵行会主要的看点是祭祖，鼓亭、抬阁、秋千巡游和施放铳花。因为做铳花的人没有了，而且施放铳花的安全问题大，而现代生产的烟花安全性能强，施放后呈现的景象更加美观，所以前童元宵行会自1995年恢复以来，都是以施放烟花来代替铳花了。童氏族人以行会为骄傲，每年会有一笔资金用于购买烟花，所以施放烟花的美景一年胜过一年。童氏十八房的鼓亭、抬阁、秋千原先保存而有损坏的，一律修缮如新，一些房族重新制作的，一律朱金漆木雕，一杠比一杠精美。从元宵行会的祭祀场面来看，也是更加丰盛。从前童大宗祠的祭祖祭品摆放来看，有荤素菜肴，也有一些特殊的祭器和祭品，相当丰富。塔山庙的场景和宗祠差不多。行会途径的街巷拐弯处的祭祀，虽则是附近各家联合摆放的，人们也相当虔诚。童氏族人以举行行会活动、引来四方观众闹元宵而骄傲。他们热情洋溢，盛情招待来客，将淳朴的民风完美呈现。

2. 建设展示基地，体验美丽民俗

前童元宵行会为旅游者展现了一部活态的发展史，游客可更直观、深刻地了解文化空间的独特精神内涵。为宣传展示前童的民俗文化特色，1998年，在前童村民的共同努力下，前童民俗博物馆建

立。该博物馆占地面积800平方米，展厅面积550平方米，共展示藏品1200件，包括了塔山童氏岁时节令习俗、人生礼俗、生产饮食消费等各个方面的礼俗。2011年，又建成占地面积为1500平方米的前童鼓亭馆，将原先存放在各房族的鼓亭、抬阁、秋千全部集中到鼓亭馆存放，并对外开放，向游客展示元宵行会的盛况。

3. 吸引大众参与，充分展示民俗魅力

传统的宁海闹元宵是人们逛灯会、猜灯谜，城里乡间活动丰富多彩，但唯有前童的元宵节活动最具特色。近年来，因为独具特色的民俗活动唤起了人们的民俗记忆、民俗感情，前童元宵行会更是发展成全宁海人都要去赶的元宵活动，成了宁海人的狂欢节。

前童元宵行会本来只是塔山童氏族人自己的庆祝活动，但活动吸引了观众来观看，看他们漂亮的鼓亭、抬阁、秋千，看他们美丽的烟花，看他们精彩的"碾后街"舞蹈，也看他们丰富的祭祀活动，在热闹的环境中听《将军令》《大开门》《小开门》等民间乐曲的优美之声，还可以品尝当地风味小吃。人们可以同塔山童氏族人一样沉浸在活动的欢愉环境中，一起欢乐，一起闹元宵。所以每年的前童元宵行会，人们自觉地加入闹元宵队伍。这些年随着古镇旅游的发展，越来越多的远方游客都知道前童有这样一个特色鲜明的民俗活动，人们趁着假期来与童氏族人一起闹元宵。单是正月十四、十五两天，来前童古镇的游客就达二十多万人次。每年的元宵节，前童的大街小

人们聚集在鼓亭馆前的广场上等待行会巡游开始

巷都被挤得水泄不通。如果错过了元宵节，前童新建的鼓亭馆还可补充游客对元宵行会的认识。网上的宣传推进，将覆盖面进一步扩展。前童古镇获批国家ＡＡＡＡ级景区，又是对前童元宵行会的有力宣传。每年的十月份，前童还借助"豆腐节"等推介活动，将前童的民俗介绍出去，让更多的人了解和体验前童元宵民俗文化，留下深刻印象。

4. 开展民俗研究，挖掘行会底蕴

前童元宵行会不仅仅是前童人的元宵盛会，随着观众的涌入，现在更是人民大众的盛会，其民俗性、群众性显而易见。而这些年

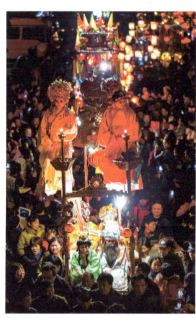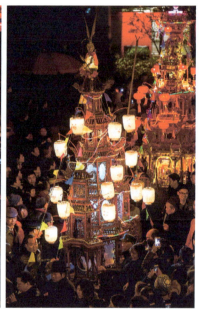

夜间的行会队伍

来根据行会盛会而适时出现的民俗文化的研究,则更深层地体现了当地民众和政府一起努力传承、保护前童元宵行会的决心和行动。从2011年开始,前童文物与非遗保护协会承担了民俗研究组织、开展的重要责任,每年的前童元宵行会期间都要举行前童民俗文化研讨会,邀请全国及省市等地的民俗学者和专家来到古镇前童,把脉前童元宵行会,共同探讨元宵行会文化,提出传承发展意见和建议,把前童祖先流传至今的"孝文化""和文化"体现于行会活动中。

2011年,协会通过实地调查、走访群众的方式,将前童元宵行会的资料收集完善，存档于古镇文化站和县非遗中心，并收录于《甬上风华·宁波市非物质文化遗产宁海卷》。2012年，前童古镇文化站站长蒋善学和前童村民童西军联合出版了多年跟踪调查的成果——《前童元宵行会》，该书图文并茂地介绍了前童元宵行会，同时也剖析了前童元宵行会产生的历史渊源、如此空前盛况延续传承的原因等。

此外，许多前童能人志士也自觉投入元宵行会的保护研究中来，如童全灿整理了行会活动中演奏的全部工尺谱音乐，编印成册。《濠公传》正在策划中，由镇文化站调查、整理材料，拟出版。民间人士还收集了历代文人雅士关于前童元宵行会的描绘诗词和文章，丰富前童元宵行会的宣传内容。

5. 利用媒体优势，广泛开展宣传传播

新媒体的介入，为宣传、传播前童元宵行会创造了有利的条件。每年元宵期间，央视、浙江卫视、宁波电视台及各大纸质、音频媒体聚集前童，全面报道前童元宵行会盛况。除了各大媒体，一些民间摄影爱好者也纷纷来到前童，以他们各自观察民俗的角度拍摄了大量精美的图片，通过微博、微信等各种传播形式，向外界推介前童元宵行会。线上线下，将前童元宵行会宣传做得有声有色。

附录

　　在宁海，甚至是宁波地区，前童元宵行会是相当隆重、规模浩大、影响广泛的民俗活动。它既保留了狂欢色彩较多的传统节目，又根据当地的风俗民情、民众生活理念和地域环境特点，形成了浓郁、独特的地方特色。前童元宵行会传承、发展的悠久历史颇受人们关注。历史上，一些文献典籍相当详细地记载了元宵行会的盛况。元宵行会也因为强大的影响力吸引了众多地方文化爱好者的探究，留下许多文字记录，让人们认识前童、走进前童、深入前童人的精神世界。这里辑选一部分，以补充读者对前童元宵行会独特风俗的了解。

杨柳洪碶记[1]

清·叶绍访

　　水于天地间，为利最薄，五谷百材，皆赖以滋生。故营田水利，自古重之。

　　塔山之麓，前后共计田三千余硕，土瘠而硗。播种者皆待泽于天，以望岁。当明正德之四年，童氏有讳濠，字继乐者，循溪而观，乐

[1]　《杨柳洪碶记》：见民国《塔山童式宗谱》卷四。

水之利，率族众及有田者，于杨柳洪溪潭下，凿巨砩以引洪流。砩通沟，沟通洫，洫通浍，千支万派，源源而来，不必有桔槔之苦，而硗者已成沃矣。

然砩口去田十余里，沙溪上港，冲涨靡常，不可无提纲任责之人，继乐公复为经久之计，以田三石硕为一结，统编族丁为十结，每结值砩一岁。于仲春将有事，西畴备肴馔，招十结人于砩畔，酾酒祭砩。祭毕，群坐而享。乃持竿界砩为十段，拈阄分疏，难易固无所择也。其砩口上有湮塞，则合力公疏。或一日、二日、四三日，值结者待之以茶而已，是曰开砩。至夏间，则复视水大小浅深而再浚之。其下二三里许，曰小砩，易致崩溃，筑之则自雍正十二年也。稍下而北，曰水漯，用大石结成闸口，旱则闭而涝则启，启则泄其流于鹿山潭焉。下叶田亩居砩之下委，每候后洋既饱之残羹。其流溉也，尝后而微。一遇亢阳，更鞭长莫及。于是定制，凡田先得水者，满即止，俟传至下叶，周而复始，总无得持强凌夺重放。凡以均同结，救灾荒也。

水利既得，五谷百材所获自丰，由是人安物阜。复为御灾之计，以石镜山位当离午，其光烁烁，嫌朱明之太艳，乃于春王正月中旬夜，亦责令值结者，备硝磺花炮，再令每灶各出纸灯，杂以金鼓迎迓境神。自塔山庙起，渡溪至南宫庙，回上鹿山，经后洋、孝女湖，由下叶至塔山庙而止。所以泄火气，亦所以祈有年，庆元宵也。凡此皆结首是承，而费皆取于田，田皆资于水。故以记杨柳洪砩，而附及之。

铳花志[1]

清·文玮

事无论巨细，有古创而今因者，莫不前简而后盛，人人乐之，岁岁行之，亦点缀升平之端，不可废也。我族每岁上元施放爆竹，翻陈出新，美其名曰"铳花"。虽于古无征，然亦由来旧矣。惟是旧俗相沿，不知放此何意，亦不知昉自何时。国初叶学庭明经《杨柳洪砩记》曾附言之，亦略而未详。余尝问诸父老，佥曰："石镜山位当离午，光彩熊熊，朱明太露，故当献岁发春之时，以是泄之。"于理或近是与，虽然有举，莫废，业既沿习至今，虽不必求其意云何，而其事之始末固不妨详言之。

岁正月立有值年，届期值年者醵金购硝磺，择净室造爆竹及流星、花筒、走线诸色，花样必新。上旬十日先鸣钲，申约束，并于村口大车门正对石镜山之处，树高棚为放花所。棚之前设社神，敷惠侯王位，每日昧爽至日晡，以钲十余具鸣，绕闾巷，前后络绎不绝，声声相应，不啻百万军马声。取金能生水，水可制火故也。十有三日，诣社庙上灯，以多为贵。至十四夜，钲鼓喧天，束锦绣为台阁，演诸故事，旌旄簇拥，灯烛辉煌，由庙迎社神至棚，值年者率众参拜已毕，乃放铳花，随放随行，如繁星烛天，如火树竞发，光明四射，云霞五色，洵巨观也。是夜，渡南溪至南宫庙住宿，十五夜仍以彩仗迎回，士咏民歌，喧闹如

[1] 《铳花志》：见民国《塔山童氏宗谱》卷四。

故。遂上鹿鸣山，绕后街及后洋孝女湖，由下叶回宫，而放铳花之事毕矣。闻昔年演此不过每户各出纸灯为铳花佐，今则踵事增华，渐增渐盛，斗丽争妍，大有年异岁新之意。虽曰用制火星泄火气乎，而实则岁之丰歉，人之否泰，悉兆于铳花之吉凶而毫厘不爽。然则昔人之所以设此者，当别有深意存乎其间，而非后人所能臆度者耶。抑人心所向，神即从之，亦春报秋祈之意，所谓民可使由不可使知耶。爰赘数语，详其始末考，候风土荆楚岁时有采择者，当于是乎取之矣。

凝聚和谐的村落[1]

和谐村落是新农村的本质特征，是新农村建设的重要内容，前童村历史这么久，人口又这么多，是什么力量使这个家族凝聚不散、生生不息，主要是靠和谐的思想基础。和谐是童氏家族凝聚村落、发展村落的原动力，是培育家族精神的向导和支撑力。

在漫长的历史进程中，历代的童氏家族为促进和实现人与自然、人与人、人与社会和谐，进行了艰辛探索和不懈努力，积累了许多经验。自始迁祖童潢选择前童阳宅胜地筑庐定居起，前童以"天人合一"的和谐理念，集中反映在人与自然和谐共存的建村理念上，坚持在此地"相阴阳，度原隰，开草昧，展经纶，艰苦备尝"，为凝聚前童发展前童奠定了良好的基础。

[1] 顾希佳，王兴满. 前童——古村落的活化石 [M]. 杭州：浙江大学出版社，2009：265-267.

　　一代代的前童人在改造自然和利用自然的同时，如何做到顺应自然、和谐自然，他们曾经为此付出过巨大的代价。他们先后开凿杨柳洪砩，修建竹西潭砩，修筑黄沙坝，填平大车门前的玉尺河，拓宽孝女湖，种上了松树、柳树、樟木，在村北溪坛上栽上大批松树、枫树和溪椤树，形成风水林，使村庄始终保持与大自然浑然一体的特色。这些重要水利工程和基础设施建设的建成，真正体现了"村得山水而灵"的最佳组合，使村民在优化环境里生活，利用专用水渠得益匪浅，这就是前童人与自然和谐相处的应有回报。

　　构建人与人之间的和谐，营造团结友爱、公平正义的人际环境。前童是单一家族村落，村中人都出自同一血脉的童姓，一直以来有着共同血缘和共同地缘。历代童氏的行为规范都克遵其先世垂训，并以祖训自勉。通过培育诗礼名宗、耕读传家的文化品质，形成良好的道德风尚，锤炼童氏守正品格的家族精神，也起到了十分重要的作用。

　　构建人与社会之间的和谐，营造安定、祥和、文明的社会环境。前童村在西路一带是个泱泱大村，但童氏家族不以大村自居，与周围村建立起良好的社会秩序，对周围小村以理相待，一视同仁，做到互相帮助，互相支持。有的小村衰落了，前童人总是会伸出友谊之手，送钱送粮去支援他们，使他们能渡过难关。当年，前童与相邻的竹林、官地大村，曾因抢水而发生过械斗，官司打到县里，闹得不可开交。童氏先祖为了平息矛盾,发动村民修竹西潭砩,营造水利,增加蓄水量,修通渠道,逐步解决了各村之间田地用水的矛盾。正是在这样的实际行动中,增强了村与村之间的和谐氛围,提升了前童村的名望,使之成了这方土地的领首村族。

推陈出新的形式[1]

前童的元宵,无论是活动的形式、活动的内容,还是民俗风情,都非常有特色,它已成了前童人心里不可或缺的一部分,或者说已经成为不可替代的一种传统文化活动。

1998年[2],纪念前童建村760周年。这一年的元宵节就格外引人注目,盛大的庆祝活动特别隆重。那天,笔者亲身感受到古村幽情苍华浓郁的滋味。

早春二月,万象更新。刚过新年的前童村,家家户户喜气洋洋,男女老少兴高采烈。因为今年是建村760周年,所以,村民的情绪比往年更高涨,除了村里积极筹备大型的庆祝活动之外,每家每户也都忙碌开了,做彩灯、贴对联、挂灯笼,大门口重新装饰一新,街道墙弄到处可见大红灯笼高高挂,条条横幅标语迎风招展,整个村庄呈现出一派浓厚的节日气氛。

---

[1] 顾希佳,王兴满. 前童——古村落的活化石[M]. 杭州:浙江大学出版社,
    2009:212-214.

[2] "1998年"为原文作者舛误,实际应为"1995年"。

经过充分的筹备，这一年正月十四元宵节隆重举行了系列活动，活动的规模比往年大，活动的内容也比往年多。主要有村史资料和工艺美术品展览；村级文保室授牌仪式；明儒方孝孺"石镜精舍"讲学处揭碑仪式和方孝孺手植六棵古柏立碑仪式；八十岁以上老人佩戴大红花集体拍照的尊老活动；参观明清古民居建筑群、孝女湖"致思亭"和被宁波市评选为全市树王的竹林"五叉樟"活动；四弦锣鼓民乐演奏、鼓亭、抬阁行会和民间节目表演；还有夜间观赏五彩缤纷的元宵灯会和礼炮焰火等。一个村有这么多的民间传统文化活动，令人震惊！

随着时代的推进，如今的前童元宵行会已经用放礼炮代替了当年的放铳花。礼炮焰火喷射升空，高达二十多米，姹紫嫣红，把前童的夜空装扮得五彩缤纷，流光溢彩。前来前童参加元宵活动的省、市、县新闻单位记者都被这种激动人心的群众场面所感动。他们既高兴又紧张，奔来奔去，不辞劳苦，抢拍着一个个精彩生动的镜头。通过电视台播放，让全省、全国甚至世界更多观众都能观赏到前童闹元宵的场面。

宗祀田的族规[1]

关于宗祀田习俗，《童氏谱志》在《祭祀日期及祀产》一文中记

---

[1]　顾希佳，王兴满. 前童——古村落的活化石 [M]. 杭州：浙江大学出版社，2009：71-72.

载得比较详细:"《礼》称:'有田则祭,无田则荐。'谓荐以时食,祭必备物,古之制也。秦汉以降,井(田)法废而士无邑采,皆得自置祀田,以备飨祀。由是士庶家祭,视祀田之有无为丰薄。原其始,风俗之厚薄关焉;推其极,子姓之兴衰随焉⋯⋯"将置祀田的历史渊源讲得十分清楚,同时又说出了祀田之有无,与祭祀的丰薄、子姓兴衰的关系。此文为童氏则堂公辑悌王家谱祀产卷之弁言。在谈及童氏祀产时又曰:"童氏祀产自族而房,递及十世,皆各置田为业。是祖宗创始非不美也,厥后,人心不古,时有假窃,即读书之士,不知禁止,甚至分肥。近其子孙,或以淫盗衰,或以疫疠死,祀田尽而子孙亦将尽矣。呜呼!无祖宗,遂无子孙,天谴冥报,何其惨也。而人不知思。抑亦悲哉!况乎盗祀重辜,律有明条,凡属同派,均应据律阻止,而读书之士,尤责不容道也。故凡祀产田地均令其本房长者订确实,然后登载。其有因公变置,年远遗失,或被大水冲汛者,一一订明,上以存先祀,下以贻孙谋。"

这是说童氏家族的宗祀田曾有一度出现了种种问题,有被后人所私分,而且屡禁不止;有的子孙犯了淫盗之罪而被法律惩治;有的家庭得了瘟疫而全家丧生;有的祀田被大水冲毁等,造成种种混乱局面。传统社会里,出现这种现象其实并不奇怪。关键是发现了问题能否拿出一定的措施,特别对有人窃取祀产私分等问题,加以制止,不再给可乘之隙。童氏家族强调要"登记祀产",并规定"凡

祀产田地均令其本房长者订确实，然后登载"。这是制止一部分后人
"假窃""分肥"的有力举措。这样做的最后目的，前面也讲得十分
明白："上以存先祀，下以贻孙谋"，最终得实实在在利益者，即是后
代子孙。

主要参考文献

1. 《宁海县志》，[清]王瑞成修，[清]张濬等纂，清光绪二十八年刊本。

2. 《宁海塔山童氏谱志》，宁海塔山童氏谱志编委会编著，1995年。

后记

　　对于前童的印象，很早就有记忆。方圆几十里地方的乡民在正月十四夜还未到来，大家谈起到哪里去玩玩，不约而同地，都想到去前童看行会。感觉那时候前童元宵行会就是宁海人民闹元宵的代表形式。后来从事非遗保护工作，逐渐关注前童，关注前童特有的民俗活动元宵行会。对于前童元宵行会，笔者从2006年春节开始，每年都参与整个活动过程，跟踪活动的策划、组织、筹备、进行及善后工作。亲眼看到了行会浩荡的队伍，磅礴的气势，体会到塔山童氏族人强大的凝聚力和向心力。前童元宵行会最具看点的是塔山童氏十八房各自打造的鼓亭、抬阁、秋千，一律朱金木雕，描金彩绘，一杠比一杠精美，吸引着外来观众涌到前童闹元宵。正月十四、十五两天，数以十万计的人群挤得前童古镇水泄不通，然而却又是秩序井然，不得不佩服塔山童氏族人强大的组织协调能力和老到的经验。近十年来，又倾注了大量的心血于前童元宵行会的田野调查，有了些许成果。2009年，将"前童元宵行会"成功申报浙江省级非遗项目。2011年，参加《中国春节节日志》的田野调查记录，进一步收集并掌握了大量前童元宵行会的第一手材料，并将"前童元宵行会"收录《中国春节节日志·浙江卷》里。2014年，又将"前童元宵行会"成功申报为第四批国家级非遗项目。正是因为这很长一段时间的田野调查，我们积累了丰富的前童元宵行会素材，奠定了着手本书写作的基础。

前童是一个历史悠久的江南古镇，文化积淀深厚，保留有传统风貌的古建筑群和原生态的民俗，是现代人寻找乡愁记忆的好地方。前童元宵行会，是流行于宁海地区的一场春节民俗盛会，是浙东地区有特色的民间习俗，历史悠久，形式独特，影响深远，具有很高的历史价值、美学价值、艺术价值和社会价值。前童元宵行会无论是形式上还是内涵上都别具一格。除了具有传统意义上的节庆活动特点之外，还具有自己的地域文化和宗族文化的精神内容，是塔山童氏族人从明正德年间开始举办并延续至今的独特的民俗文化盛会。前童元宵行会本来的宗旨就是塔山童氏后人纪念祖先开渠凿碑、灌溉农田的功德，展现的是前童地区的民俗风貌，现在则上升为宁海甚至宁波地区有影响力的大型集会性的群乐活动。但愿浙江省非物质文化遗产代表作丛书之《前童元宵行会》的出版，能让更多的人知道前童元宵行会，前来探访前童元宵行会，让前童元宵行

会名扬天下, 让前童无愧于"中国历史文化名镇"之称号。

　　本书在调查和编撰过程中, 得到了前童村诸多父老乡亲们的热忱帮助, 如元宵行会代表性传承人童全灿, 鼓亭、抬阁制作技艺传承人童帝寿, 以及童富铎、童文彬等人; 缪军、周衍平等关心前童的热心人士, 为本书提供了许多珍贵的图片; 非遗专家林敏于百忙之中抽空审读此稿, 提出了宝贵的修改意见。在此一并表示衷心的感谢。本书的不妥之处, 也竭诚希望得到各方的指正。

编著者

责任编辑：方　妍

装帧设计：薛　蔚

责任校对：高余朵

责任印制：朱圣学

装帧顾问：张　望

图书在版编目（ＣＩＰ）数据

　前童元宵行会 / 章亚萍，周益编著. −− 杭州：浙
江摄影出版社，2019.6
　（浙江省非物质文化遗产代表作丛书 / 褚子育总主
编）（2023.1重印）
　ISBN 978−7−5514−2454−7

　Ⅰ.①前… Ⅱ.①章… ②周… Ⅲ.①节日−风俗习
惯−介绍−宁海县 Ⅳ.①K892.1

　中国版本图书馆CIP数据核字(2019)第101832号

QIANTONG YUANXIAO XINGHUI

前童元宵行会

章亚萍　周　益　编著

全国百佳图书出版单位
浙江摄影出版社出版发行
　地址：杭州市体育场路347号
　邮编：310006
　网址：www.photo.zjcb.com
制版：浙江新华图文制作有限公司
印刷：廊坊市印艺阁数字科技有限公司
开本：960mm×1270mm　1/32
印张：5.75
2019年6月第1版　　2023年1月第2次印刷
ISBN 978−7−5514−2454−7
定价：46.00元